Pia Gyger

Mensch verbinde Erde und Himmel

Pia Gyger

Mensch verbinde Erde und Himmel

Christliche Elemente einer kosmischen Spiritualität

rex verlag luzern stuttgart

CIP-Titelaufnahme der Deutschen Bibliothek

Gyger, Pia:
Mensch verbinde Erde und Himmel:
Christliche Elemente einer kosmischen Spiritualität/Pia Gyger. - Luzern;
Stuttgart: **rex** verlag, 1993
ISBN 3-7252-0579-5

Umschlag-Bild: aus der Diaserie Synthèse 1981 über Teilhard de Chardin, APESC, Paris
Umschlag-Gestaltung: Madeleine Marti, Kriens
Satz: Marianna Marchello
Gesamtherstellung: Ebner Ulm
ISBN 3-7252-0579-5

Inhalt

Vorwort

Vor einigen Jahren hatte ich bei einem Vortragsbesuch in Basel Gelegenheit, mit der Arbeit und geistigen Ausrichtung des St. Katharina-Werkes bekannt zu werden. Die lebendige christliche Haltung und Offenheit der Frauen und Männer dieses Säkularinstitutes gegenüber den brennenden Fragen unserer Zeit haben mich tief beeindruckt. Hier erlebte ich ganz konkret, wie der christliche Glaube heute schöpferisch gelebt und gestaltet werden kann. Hier spürte ich, wie das dynamische und mystische Christusverständnis des französischen Denkers Teilhard de Chardin mit bedeutenden Einsichten östlicher Zen-Meditation in gelungene Verbindung gebracht worden ist, so, dass daraus eine lebensbejahende, weltoffene Spiritualität - eine wahre Weltspiritualität - entstanden ist, die uns heilen und heiligen kann.

Die Praxis dieser Weltspiritualität ist ein zentrales Anliegen des St. Katharina-Werkes, dessen Leiterin, Frau Pia Gyger, uns in diesem Buch, auf den Erfahrungen ihrer Gemeinschaft aufbauend, die christlichen Heilsgeheimnisse in neuer, heute besonders ansprechender Weise darstellt. Dieses Buch aus der Hand einer Frau wendet sich nicht nur an christliche "Fachleute", sondern ist für alle Menschen unserer Zeit geschrieben, die auf der Suche nach einer ganzheitlichen Spiritualität sind, durch die sie die vielfältigen Bereiche gegenwärtiger Erfahrung in einem geistigen Mittelpunkt vereinen können.

Viele Christen leiden heute an der Ambivalenz der Kirche, ihren Fehlern und ihrer oft viel zu starren Haltung. Doch wenn wir die mystische Tradition der Kirche wieder lebendig erfahren wie hier, dann lernen wir erneut, wie wir aus der Kirche Leben schöpfen können, da ihr Geist uns zum wahren "Brot des Lebens" wird.

Dies ist ein Buch, das zur Praxis anleitet. Ein Buch, dessen Erfahrungen meditiert, eingeübt und gelebt werden wollen. Es nimmt uns hinein in die Frage, wie und wo Gottes Geist heute zu uns spricht und uns zu neuen Aufgaben einlädt: Was heisst es, heute voll Mensch zu sein im Geiste Christi, dessen Leib wir im kosmischen, geschichtlichen, eucharistischen und kirchlichgemeinschaftlichen Bereich immer wieder neu erfahren? Was bedeutet es, mitten in der Welt aus dieser Wirklichkeit zu leben und von der geistigen Dynamik und dem alles wandelnden Feuer der Liebe Gottes getragen zu werden?

In diesem Buch begegnen wir Christus als dem Herz der Welt, ein Herz, das Mittelpunkt, Brennpunkt, Anker und Ausstrahlungspunkt für alle menschlichen Erfahrungen - Leiden wie Freuden - ist.

Eine weltoffene, dynamische Spiritualität, die sich im persönlichen wie gesellschaftlichen und politischen Leben fruchtbar auswirkt - ein Geist der Versöhnung, Einheit und Liebe - eine neue und zugleich ganz alte christliche Spiritualität, die in Christus selbst verwurzelt ist, wird uns hier nahe gebracht.

Es ist mir eine grosse Freude, dieses anregende Buch als Diskussionsgrundlage und Meditationshilfe möglichst vielen Menschen als geistige Nahrung und Hilfe auf ihrer Suche nach sinngebender Lebensgestaltung zu empfehlen.

Bristol, Pfingstfest 1993

Ursula King
Head of Dep. of Theology and Religious Studies
University of Bristol, Grossbritannien

Zum Gebrauch dieses Buches

„Wir leben in einer Zeit, in der sowohl das Leben des einzelnen Menschen wie auch das Leben des ganzen Planeten Erde bedroht ist wie nie zuvor in der Geschichte. Die Krise, in der wir uns befinden, hat ein bedrohliches Ausmass angenommen."

So beginnt das erste Kapitel dieses Buches. Eine Krise hat bekanntlich zwei Seiten: Gefahr und Chance. Die Gefahr, in der wir uns befinden, wird immer mehr Menschen bewusst. Wo aber liegt die Chance? Was können wir tun, damit wir aus der Ohnmacht herauskommen und der Erde zu einer neuen Gestalt verhelfen?

Das vorliegende Buch enthält die Summe der reflektierten Erfahrung einer Gemeinschaft, deren Mitglieder sich auf spiritueller und persönlicher Ebene auf den Weg gemacht haben, Neues zu erlernen und zu erproben: Neue Formen des Umgangs miteinander, die mehr Nähe, Wärme, Offenheit und konstruktive Konfliktlösung möglich machen, als dies gemeinhin üblich ist. Eine christliche Spiritualität, die lebensspendend und -fördernd ist, und die unseren Planeten Erde, unseren Kosmos und unser Universum einbezieht.

Aus dem konkreten Lebensvollzug der Mitglieder des St. Katharina-Werks entwickelte Pia Gyger, die Zentralleiterin der Gemeinschaft, ein Handbuch, das Elemente einer neuen Weltspiritualität aufzeigt und darüber hinaus Hilfen gibt, aus der christlichen Tradition Schätze zu heben, die in ihr vielfach verborgen liegen. So werden die kirchlichen Dogmen mit evolutivem Blick gedeutet und mit Erkenntnissen der modernen Naturwissenschaft in Verbindung gebracht - eine Sichtweise, die sich nicht zuletzt im Erfahrungsdialog mit anderen Religionen als wichtig und verbindend erwiesen hat.

Wohin strebt die Evolution? Welche Entwicklungsschritte müssen wir Menschen jetzt tun, um nicht uns selber und die

Erde vollends zu zerstören? In diesem Zusammenhang gibt das Buch Hilfen zur Deutung unserer Zeit und zum Entfalten unserer Liebes- und Beziehungsfähigkeit.
Jedem Kapitel des Buches sind Übungen und Anregungen beigefügt, die den Boden für eigene Erfahrungen im jeweiligen Themenkreis schaffen. Sie alle sind in ihrer Wirksamkeit in vielen Jahren gemeinsamen Suchens erprobt und können allein oder in der Gruppenarbeit angewandt werden.
Das Buch bietet einen Schatz für Menschen, die auf der Suche sind: solche, die sich mit einem neuzeitlichen Weltbild auseinandersetzen; solche, die Mühe mit der Kirche haben, mit den alten Formen und Formulierungen nichts mehr anfangen können; für enttäuschte Christen und Christinnen sowie für enttäuschte Esoteriker. Geeignet ist es auch für die Anwendung in religiösen Gemeinschaften, in Pfarrgemeinden, die sich auf den Weg machen oder als Glaubenskurs.
„Unser Planet entwickelte sich während Millionen von Jahren und ist gerade dabei, in eine neue Phase seiner Entwicklung einzutreten. Die Kirche Christi ist in diesem Vergleich äusserst jung. Sie ist wahrscheinlich gerade alt genug, dass sie sich das erste Mal ganzheitlich 'häuten' kann, wie dies bei jedem lebendigen Organismus mit Regelmässigkeit vorkommt. Sie wird sich 'häuten' und jene neue Gestalt finden, die ihr in einem sich in Christus personalisierenden Universum für die nächste Zeit angemessen ist."
Mit diesem hoffnungsvollen Ausblick, der nicht nur die Kirche, sondern den ganzen Organismus Menschheit betrifft, schliesst das Buch. Dabei zu sein, mitzuwirken an einer Häutung, d.h. einem tiefgreifenden Erneuerungprozess und Gestaltwandel unserer Welt, dazu will es anregen und verlocken, und dazu bietet es konkrete Hilfen an.

Maria-Christina Eggers

Die heutige Weltsituation und die Frage nach der Bestimmung des Planeten Erde

Wir leben in einer Zeit, in welcher sowohl das Leben des einzelnen Menschen wie auch das Leben des ganzen Planeten Erde bedroht ist wie nie zuvor in der Geschichte. Die Krise, in der wir uns befinden, hat ein bedrohliches Ausmass angenommen. Je mehr wir diese Krise zu analysieren versuchen, umso deutlicher wird: Sie resultiert aus einem Netz von ineinandergreifenden Ursachen. Zur Hauptsache manifestiert sie sich in den folgenden Problemkreisen:

1. Das Problem der Armut und der Ungerechtigkeit

Ein kleiner Teil der Weltbevölkerung lebt in Wohlstand und Luxus, indes täglich ca. 40'000 Kinder an Hunger sterben und ca. 950 Millionen Menschen ihr Leben in erdrückender Armut fristen. Dreissig Millionen Menschen sterben jährlich an Mangelernährung (Daten aus den verschiedenen UNO-Kommissariaten). Diese Armut lähmt den menschlichen Geist, trägt zum Verlust an Menschenwürde und Selbstwertgefühl bei und treibt Millionen von Menschen in die Resignation oder zu Gewalt und Kriminalität.
Eine Hauptursache für die Not unserer Zeit ist unser Weltwirtschaftssystem, das bewirkt, dass die Reichen immer reicher und die Armen immer ärmer werden. Die Schuldenkrise der Dritt-Weltländer hat gegenüber ihren Gläubigerstaaten ein solches Mass erreicht, dass allein das Abzahlen der Zinsen diese Länder ausblutet. Durch diese wirtschaftlichen Ungerechtigkeiten werden täglich die grundlegenden Rechte von Millionen von Menschen existentiell verletzt. Dies hat Auswirkungen auf die sozialen, kulturellen, religiösen wie auch die

bürgerlichen und politischen Rechte. Kein Land und keine Institution kann die weltweiten ungerechten Wirtschaftsbeziehungen und die daraus entstehenden Probleme (Flüchtlinge, Drogen etc.) allein lösen. Wir brauchen eine neue, am Menschen als Abbild Gottes orientierte, Weltwirtschaftsordnung, welche ermöglicht, dass die Grundbedürfnisse aller Menschen befriedigt und die Menschenrechte wirksam beachtet werden können.

Übung

Für diese, wie für die folgenden Übungen gilt der Leitsatz:
"Nicht gegen den Fehler kämpfen, sondern für das Fehlende da sein." (P. Moor)

1. Hab den Mut, hinzuschauen.
   Lass die Gruppe, mit der Du arbeitest, austauschen über Armut und Ungerechtigkeit auf dem Planeten Erde.
   Lass die Gruppe ihr Wissen zum Thema „arm - reich" stichwortartig festhalten.
2. Hab den Mut, das, was Du siehst, zu deuten.
   Wo liegen die Hauptursachen des Gefälles „arm - reich"?
   Was läuft falsch auf unserem Planeten?
3. Hab den Mut, Dich bewegen zu lassen!
   Was ist das Fehlende? Was fehlt am meisten?
   Wie kann ich angesichts der Armut und Ungerechtigkeit für das „Fehlende" da sein?
   Was kann ich jetzt tun?
4. Hab den Mut, etwas Konkretes zu tun!
   Ich vertraue auf die schöpferische Kraft in mir!
   Ich bin bereit, mich für Gerechtigkeit auf der Erde einzusetzen!
   Deshalb tue ich folgendes...

2. Das Problem der Rüstung und des Krieges

Seit 1945 sind über hundert Kriege geführt worden. Und dies, obwohl unsere Epoche als Nachkriegszeit definiert wird. Die riesigen Bestände an nuklearen und konventionellen Waffen sind eine Bedrohung für die ganze Menschheit und die ganze Schöpfung. In jeder Minute geben die Länder der Welt ca. 1,8 Millionen US-Dollar für militärische Rüstung aus. Mit diesen Rüstungsausgaben wird jenes Geld verschlungen, das für die Entwicklung der Menschheit und den Schutz der Umwelt dringend gebraucht würde. Das Bewusstsein, dass wir uns zur Sicherung des Friedens nicht auf Abschreckung durch Massenvernichtungswaffen verlassen können, wächst überall. Und die Erkenntnis, dass die Milliarden, die in die Rüstung investiert werden, dringend zur Sanierung unseres Planeten gebraucht werden, nimmt zu. Ebenso wächst die Erkenntnis, dass nationale militärische Verteidigung keine Sicherheit mehr garantieren kann und die Institution des Krieges ebenso dringend abgeschafft werden muss, wie das Halten von Sklaven abgeschafft werden musste. Wir brauchen eine Weltfriedensordnung! Die Kriegsverhütung sowie die Mitarbeit an einer Weltfriedensordnung sind die dringendste politische Aufgabe jeder Nation.

Übung

„Nicht gegen den Fehler kämpfen, sondern für das Fehlende da sein."

1. Hab den Mut, hinzuschauen!
   Welche Kriege schwächen jetzt die Menschheit?
   Welche Kriege belasten mich am meisten?
2. Hab den Mut, das, was Du siehst, zu deuten!
   Wo liegen die Ursachen des Krieges?
   Was läuft falsch auf unserem Planeten?

3. Hab den Mut, Dich bewegen zu lassen!
Was ist das „Fehlende"?
Stell Dir vor, was mit den Millionen, die an einem Tag für Rüstung ausgegeben werden, zur Heilung des Planeten Erde getan werden könnte!
Wie kann ich für das „Fehlende" da sein?
Wie kann eine Weltfriedensordnung entstehen?
4. Hab den Mut, etwas Konkretes zu tun!
Ich vertraue auf die schöpferische Kraft in mir.
Ich bin bereit, mich für den Frieden in der Welt einzusetzen.
Deshalb tue ich folgendes...
Ich visualisiere[1] eine Menschheit, die den Krieg überwunden hat.

3. Das Problem der bedrohten Schöpfung

Unser Planet ist krank! Jeden Tag stirbt eine Tier- oder Pflanzenart aus. Der Treibhauseffekt und die Schädigung der Ozonschicht bewirken, dass sich die Temperatur der Erdatmosphäre ständig erhöht, wodurch die Meeresspiegel drastisch ansteigen werden. Dies hat auf die Küstenbereiche aller Kontinente verheerende Auswirkungen.
Sterbende Bäume und Wälder, vergiftete Seen, Flüsse und Meere sind Ausdruck der grenzüberschreitenden Luft- und Wasserverschmutzung. Jedes Jahr wird der Regenwald um Tausende von Quadratkilometern dezimiert. Die ökologischen

1 Visualisierung = Bildhafte Vorstellung
Vor allem die Transpersonale Psychologie machte die schöpferische Kraft der bildhaften Vorstellung bekannt. Nachdem unser Geist durch Entspannungsübungen zur Ruhe gebracht wurde, lassen wir uns mit gesammelter Aufmerksamkeit auf jenes Bild ein, von dem wir ergriffen werden möchten. Wir visualisieren jenen Gegenstand oder jene Situation, von der wir nicht intellektuell, sondern ganzheitlich berührt werden oder die wir möglichst ganzheitlich erkennen möchten. Die positive Visualisierung hat prägende und heilende Wirkung auf Körper, Seele und Geist!

Probleme, die in den nächsten Jahrzehnten auf uns zukommen, können daher von keinem Land auf nationaler Ebene gelöst werden. Wir brauchen eine ökologische Weltordnung, die fordert, dass wir unsere Verbrauchergewonnheiten ändern, die hilft, neue Energiequellen zu erschliessen und die für eine gerechte Verteilung der uns zur Verfügung stehenden Rohstoffe und Energien sorgt.

Übung

„Nicht gegen den Fehler kämpfen, sondern für das Fehlende da sein."

1. Hab den Mut, hinzuschauen!
   Bin ich mir der Leiden und Krankheiten des Planeten Erde bewusst?
   Was weiss ich davon?
   Wie lasse ich mich von den Leiden des Organismus Erde berühren?
2. Hab den Mut, das, was Du siehst, zu deuten!
   Was weiss ich über die Ursache der sterbenden Wälder, der vergifteten Seen, der Luftverschmutzung, der Schädigung der Ozonschicht usw.?
   Bin ich mir bewusst, dass die Erde, unser Heimatplanet, einen Kollaps erleidet, wenn es uns nicht gelingt, sie zu pflegen, wie man Patienten auf der Intensivstation pflegt?
3. Hab den Mut, Dich bewegen zu lassen!
   Was ist das Fehlende? Was fehlt am meisten?
   Was kann ich angesichts der bedrohten Schöpfung für das Fehlende tun?
   Was kann ich jetzt tun?
4. Hab den Mut, etwas Konkretes zu tun!
   Ich vertraue auf die schöpferische Kraft in mir.
   Ich bin bereit, mich für die Heilung der Erde einzusetzen.
   Ich bin bereit, mich für eine ökologische Weltordnung zu engagieren.
   Deshalb tue ich folgendes...

Wenn wir uns innerhalb der vielfältigen Probleme der Welt zu orientieren versuchen, kommen wir nicht um eine umfassende Standortbestimmung herum. Eine Standortbestimmung, in welcher wir den Mut haben, uns zu fragen, welche Bestimmung der Erde im Universum zukommt.
Wir wollen uns an eine Antwort im Lichte der christlichen Tradition herantasten.

4. Die Bestimmung des Planeten Erde

Während ich mir die Gestalt unseres Planeten vorstelle, wird mir bewusst, dass sich in diesem Moment die Erde um ihre eigene Achse, um die Sonne und um das Zentrum der Milchstrasse bewegt. In diesen Minuten legt der kleine Himmelskörper, auf dem wir leben, Millionen von Kilometern im unermesslichen Universum zurück.
Das Universum ist nicht ausserhalb von uns. Wir leben nicht auf der Erde, gleichsam von aussen dazugekommen. Wir sind Teil dieses Planeten, wir sind Geschöpfe der Erde. Wir sind immer schon kosmische Wesen! Was ist unsere Bestimmung, und was ist die Bestimmung der Erde? Was ist der Sinn der Tatsache, dass die Bedingungen auf unserem Planeten so einzigartig sind, dass hier Leben und selbstreflektiertes Bewusstsein entstehen konnte? Sind wir möglicherweise der einzige belebte Planet in einem Universum aus Milliarden von Milchstrassen, Feuern, Gaswolken und interstellaren, leeren Räumen? Wenn dem so wäre, welche Verantwortung wäre uns dann übertragen? Falls die Erde aber nicht der einzige belebte Planet ist, sondern umgeben von Himmelskörpern, auf denen ebenfalls Wesenheiten existieren, was ist dann unsere spezifische Aufgabe? Ist es nicht in jedem Fall unsere Berufung, unseren kleinen Planeten so zu bebauen und zu pflegen, dass die Bewusstseinsentwicklung weitergeht, und die Erde zu einem Zentrum der Liebe und Erkenntnis wird? Durch die

Raumforschung ist der Weltraum zugänglich geworden. Mit Hilfe von Raketen hat die Menschheit begonnen, sich von der Anziehungskraft der Erde zu befreien und den Heimatplaneten zu verlassen. Die Erforschung unseres Platzes und unserer Bestimmung im Universum hat begonnen. Die Astronauten, die im Schweigen und in der Dunkelheit des Alls die Erde erblickten, kamen verändert zurück. Sie sind zutiefst ergriffen von ihrer Schönheit und Gebrechlichkeit. Die Menschheit der Gegenwart und der Zukunft kommt nicht um die Beantwortung der Frage herum, was der Sinn des Planeten Erde im Universum ist, welches ihre Bestimmung im Plane Gottes ist. Jede kleinere Sichtweise ist am Detail fixiert und kann von daher keine echten Antworten auf die uns bedrängenden Probleme geben.
Für Christen wird sich die eben genannte Frage noch ausweiten. Was bedeutet es, dass Gott auf der Erde Mensch wurde? Welche Auswirkungen hat die Inkarnation Gottes auf unserem Planeten für das gesamte Universum? Müssten nicht gerade die Christen, von Begeisterung und Liebe getrieben, Antworten auf alle diese Fragen suchen? Und wäre es nicht ihre vornehmste Aufgabe, mit ihrem Leben Brücke zu sein zwischen Gott und Welt? Erst wenn wir Christen fähig sind, Brücke zu sein zwischen den Anforderungen der profanen Welt und dem Heilszeichen Kirche, nehmen wir Anteil an der Inkarnation Gottes in seiner Schöpfung. Erst wenn wir Christen fähig sind, Texte aus Bibel und Liturgie mit dem ganz profanen Alltag zu verbinden, und die Beziehung der heiligen Texte zum Alltag und den heute zu lösenden Problemen zu erspüren, nehmen wir unsere Berufung wahr, die Wirklichkeit Christi der Welt transparent zu machen. So ist z.B. der Hymnus der Laudes in der zweiten Osterwoche kein Text, der von den Problemen ablenkt:

„Wort Gottes, des Macht und Ruf,
im Urbeginn die Welt erschuf,
Du bist der Anfang und das Ende.
Der Himmel und die ganze Welt
sind Deiner Hoheit unterstellt.
Du bist der Zeiten Lot und Wende.
Die Weisheit baute sich ein Haus,
darin spricht Gott sich selber aus,
und dieses Wort hat uns getroffen.
Nun ist die Welt nicht mehr so leer,
nicht mehr die Last so drückend schwer,
der Weg zum Vater steht uns offen!"

Dieser Text hat etwas zu tun mit unserem Leben, den Problemen unserer Erde, mit der Angst um ihre Weiterexistenz und den noch unbeholfenen Versuchen, unseren Platz und unsere Berufung im Universum zu erkennen. Das Wort, dessen Macht und Ruf von Anbeginn die Welt erschuf, in dem der Himmel, die Welt und alle Zeiten sich vollenden, dieses Wort ist für Christen CHRISTUS, der präexistente Logos, durch den alles erschaffen wurde, und in dem alles Bestand hat (vgl. Kol 1,16 - 18). In diesem Wort, in dem alle Universen schwingen und klingen, ist auf unserem Planeten Leben entstanden. In diesem Wort ist auf der Erde das Leben zu sich selber gekommen, selbstbewusst geworden. Und dieses Wort ist Fleisch geworden und hat unter uns gewohnt (vgl. Joh 1, 14).

Übung

1. Vorbereitung
   Ich setze mich aufrecht auf einen Stuhl, ohne anzulehnen.
   Die Füsse auf dem Boden sind fest geerdet. Die Hände liegen wie offene Schalen auf den Oberschenkeln.
   Ich schliesse die Augen und konzentriere mich auf meinen Atem.

Ich folge seiner Bewegung, ohne ihn zu steuern. Ich lasse bei jedem Ausatmen Verspannungen und Belastungen los.
Ich bitte Christus, alle von mir ausgehende, negative Energie, alle destruktiven Gedanken und Gefühle in seine Liebe aufzunehmen und zu wandeln in
Mut zum Sein,
schöpferische Kraft zum Handeln,
allumfassende Liebe.

Dieser vorbereitende Teil wird bei allen meditativen Übungen wiederholt.

2. Visualisierung
Ich lasse das Bild der Erde vor meinem inneren Auge entstehen.
Ich sehe sie vor mir, wie sie sich im Weltraum bewegt.
Ich sehe sie in ihrer Schönheit und in ihrem Leiden.
Ich teile ihr meine Liebe und Sorge mit. Ich frage die Erde, was ich für sie tun soll.

Christus: Herz der Schöpfung und Mitte des Lebens im Dreifaltigen Gott

Wir haben uns mit der heutigen Weltsituation auseinandergesetzt und nach der Bestimmung des Planeten Erde gefragt. Im folgenden wollen wir diese Themen im Licht des christlichen Glaubens betrachten.

Nach christlicher Tradition sind Welt und Menschheit im ewigen Wort Gottes geschaffen und haben in ihm Bestand (vgl. Kol 1, 15-18). Mit der „Fülle der Zeit", da das Wort Fleisch wurde und Jesus Christus in diese Welt kam, sind Menschheit und Schöpfung auf dem Weg, sich der Wirklichkeit, die Christus ist, bewusst zu werden. „Die Wirklichkeit aber ist Christus" (Kol 2, 17). Das bedeutet, dass die ganze geistige und materielle Schöpfung seit Anbeginn in und durch Christus lebt und sich unter seinem machtvollen Einfluss zu einem Organismus entfaltet, dessen Ziel es ist, die „Gestalt des Sohnes" zu sein, Leib Christi zu werden.
Das innerste Wesen Gottes wurde der Menschheit in besonderer Weise durch Jesus Christus als Liebe offenbart.
Im gestaltlosen Abgrund der Gottheit spricht der unmanifeste Urgrund von Ewigkeit her sich selber aus. Der Urgrund ist Liebe. Das Wort, das aus Ihm hervorgeht, ist Liebe. Das Wort, das zu Ihm zurückfliesst, ist Liebe. Im Wort, das der Urgrund ausspricht, entsteht Gegenüber! In diesem Gegenüber erkennt der Urgrund in unendlicher Glückseligkeit sich selber. Die Liebe, die im Gegenüber zur Selbsterkenntnis des Urgrundes wird, fliesst als Liebeswort zum Urquell zurück. So gebiert und erkennt die Dreieine Gottheit sich selber im ewigen Jetzt.
Im gestaltlosen Abgrund der Gottheit, in dem Einheit und Differenzierung gleichzeitig und ohne Widerspruch wesen, vollzieht sich die erste Phase der Gottesgeburt vor aller Zeit.[2]

Doch damit ist die Gottesgeburt nicht vollendet. In eben dem Wort, das die Selbsterkenntnis und Selbstmitteilung des Urgrundes ist, spricht der Urgrund sich weiter aus und schafft Himmel und Erde, das Sichtbare und das Unsichtbare. Alles, was ist, ist durch das Wort und auf es hin geschaffen. In Ihm hat alles Bestand.

1. Dimensionen des Universalen Christus [3]

In den folgenden Kapiteln wird vom Universalen Christus die Rede sein. Mit dem Universalen Christus ist Christus gemeint, der in seiner kosmischen, geschichtlichen und eucharistischen Dimension seinen mystischen Leib aufbaut. Dabei ist die Kirche als der explizite Leib Christi sakramentales Zeichen und Werkzeug[4] zum Aufbau des mystischen Leibes, der die ganze Schöpfung umfasst.

Der kosmische Christus [5]

Im WORT, dem kosmischen Christus, entstehen die geistigen Welten: die Throne, Herrschaften, Mächte und Gewalten,

2 Nachfolgend, so wie in den Ausführungen über den Universalen Christus, fliesst immer wieder Johannes Taulers Darstellung der „dreiphasigen Gottesgeburt" ein, wie er sie in seinen verschiedenen Schriften, vor allem aber in seiner Weihnachtspredigt beschrieben hat: Gnädinger Louise (Hg), Johannes Tauler, Zeugnisse mystischer Welterfahrung, Olten 1983.

3 Einteilung und Terminologie der vier Dimensionen des Universalen Christus sind in Anlehnung an die Schriften Teilhard de Chardins entstanden. Haas, Adolf, Teilhard de Chardin - Lexikon, Bd 1, Freiburg 1971.

4 vgl. 2. Vat. Konzil: Dogmatische Konstitution, Lumen Gentium I., das vom Mysterium der Kirche handelt.

5 Mathew Fox hat in seinem gleichnamigen Buch „Der kosmische Christus" (Stuttgart, 1991) gefordert, dass wir Christen die kosmische Dimension von Christus neu entdecken und in unseren Glauben integrieren sollen. Nur so würde das Christentum, davon bin auch ich überzeugt, zu einer neuen Ausstrahlung finden.

Christus und Erde: Christus, der Auferstandene als die Mitte der Welt.
Grafik von Madeleine Marti.

jene Wesenheiten, die die „Brennenden vor Gott" genannt werden und die Kräfte des kosmischen Christus sind.
Der kosmische Christus, das vom Urgrund ewig neu gesprochene Wort, ist das aktive Prinzip, in dem Schöpfung entsteht. Dies können wir als zweite Phase der Gottesgeburt bezeichnen. Der kosmische Christus ist das Sprechen Gottes als ein immenser, sich in immerwährender Gegenwart vollziehender Wachstums- und Entwicklungsprozess, sowohl innerhalb der geistigen Welten wie auch innerhalb des Universums: Von den Atomen bis zu den Vakuen zwischen den Atomen, von den Sternen und interstellaren Räumen bis zu den Galaxien und Milchstrassen. Der kosmische Christus ist jene Kraft und Bewegung, die in aller Evolution wirksam ist und über fortwährende Vereinigungen je neue Gestalten hervorbringt. Die Christuswirklichkeit ist sowohl die Selbstmitteilung Gottes im gestaltlosen Urgrund wie auch die Quelle der geistigen und materiellen Welt. Der kosmische Christus ist das im Wort Gestalt annehmende Antlitz Gottes in der Schöpfung, das uns in jeder Blume zulächelt und in allen Elementen zu seiner Erkenntnis und Verherrlichung einlädt.

Übung

1. Vorbereitung wie bei der Übung auf Seite 18f.
2. Visualisierung und Gebet
   Ich lasse jene Bilder der Schöpfung in mir aufsteigen, die sich mir jetzt erschliessen wollen (Bäume, Wiesen, Mineralien, Berge, Seen, Sterne, Wolken, Tiere...).
   Ich schaue den Baum oder den Stern, der sich meinem inneren Auge zeigt, an.
   Ich vergegenwärtige mir das Wirken des kosmischen Christus im Baum, Stern...
3. Gebet
   Ich spreche den kosmischen Christus an, wie mein Herz es mir

eingibt. Lob, Dank, Bitte um Vergebung für die Leiden, die wir seinem kosmischen Leib zufügen.
Ich bitte um Heilung:
Kosmischer Christus, lenke meine schöpferische Kraft.
Kosmischer Christus, lenke die schöpferische Kraft der Menschheit.
Kosmischer Christus, erneuere und heile das Universum.

Der geschichtliche Christus

Den Höhepunkt der zweiten Phase der Gottesgeburt beschreibt der Evangelist Johannes im Prolog zu seinem Evangelium in unübertrefflich dichter Weise: „Und das Wort ist Fleisch geworden und hat unter uns gewohnt." Das Wort, das der Urgrund spricht, tritt aus dem dunklen Abgrund der Gottheit hinaus und wird Schöpfung. In der „Fülle der Zeit" kommt das Wort in sein Eigentum, in seine Schöpfung und wird Fleisch, im Menschen Jesus von Nazareth, dem geschichtlichen Christus. In immer neuen, sich selbst überbietenden und gleichzeitig stammelnden Formulierungen, versuchen die neutestamentlichen Autoren uns zu zeigen, dass der Mann aus Nazareth identisch ist mit dem Wort Gottes, dem präexistenten Logos, in dem die ganze Fülle der Gottheit wohnt (vgl. Apg 2, 36; Kol 2, 9; Hebr 1, 3).

In Jesus von Nazareth wird Gott Mensch! Lukas betont ausdrücklich, wie Jesus den menschlichen Entwicklungsgesetzen unterstellt ist und wie er zunimmt an Alter und Weisheit (2, 52). In der Taufe am Jordan erwacht er zum Christusbewusstsein und zu seiner Sendung: „Und während er betete öffnete sich der Himmel, und der Heilige Geist kam sichtbar in Gestalt einer Taube auf ihn herab, und eine Stimme aus dem Himmel sprach: Du bist mein geliebter Sohn, an dir habe ich Gefallen gefunden" (Luk 3, 21-22). In einer alle Grenzen sprengenden inneren Erleuchtung, deren Erschütterung sein Ichbewusstsein transformierte, erkannte Jesus den gestaltlosen Urgrund als ihm in unendlicher Liebe zugewandt. Er erkannte ihn als 'Abba', d.h. Vater, und er erkannte sich selbst als geliebten Sohn. Wie der präexistente Logos, so lebte auch der geschichtliche Christus Einheit und Gegenüber ohne Widerspruch und ohne jede Dualität. Jesus erlebte sich als Gegenüber des Vaters, als Sohn, und er erlebte sich zugleich in wesenhafter Einheit mit dem Vater. „Ich und der Vater sind eins" (Joh 10, 30; vgl auch Joh 14, 11f). So ist er die frohe Botschaft, durch die uns aufgezeigt wurde, dass der gestaltlose Urgrund jedem Menschen zugewandt ist und ihn persönlich liebt. In Christus können auch wir den Urgrund Vater nennen. In Jesus leuchtet unsere Berufung auf, uns als Söhne und Töchter Gottes zu erkennen. Der Gott-Mensch verkörpert das, wozu der Mensch angelegt ist, und er zeigt uns, was Menschsein bedeutet. Er ist die Verbindung des Göttlichen und Menschlichen, die wesenhafte Brücke zwischen den Gegensätzen. Er ist der „Pontifex oppositorum", er ist die Verbindung von Himmel und Erde. Jesus zeigt uns einen barmherzigen, um seine Geschöpfe ringenden Gott, in dessen Himmel die Freude über einen bekehrten Sünder grösser ist, als über neunundneunzig Gerechte, der dem verlorenen Schaf nachgeht, bis er es gefunden hat, der den verlorenen Sohn in die Arme schliesst und zum Festmahl einlädt. Jesus zeigt uns den Urgrund als Liebe, Erbarmen und Gnade!

Und die Bestimmung jedes Menschen ist es, in Christus und mit Ihm aus diesem Urgrund zu leben.
Jesus ist für uns weiterhin Beispiel, welche Kraft und Macht aus einem Leben der Einheit mit dem Urgrund erwächst. So legt ihm der Evangelist Johannes jene selbstbewussten Worte in den Mund: „Ehe Abraham ward, BIN ICH" (8, 58), die ihn mit dem alttestamentlichen Gott „Jahwe" - „ICH BIN, der ich sein werde", als eins definieren. Dieselbe Macht drückt sich

auch in seinem ganzen Auftreten, seinen Worten und Taten aus: Er sprach wie einer der Macht hat, heilte Kranke, trieb Dämonen aus, vergab den Menschen ihre Sünden, griff in die Naturkräfte ein und zeigte sich seinen Freunden auf dem Berg Tabor in strahlendem Glanz. Zugleich war Jesus ein Mensch, wie jeder von uns. Er kannte Trauer und Freude, Zorn und Sehnsucht. Keine menschliche Not war ihm fremd. Er erfuhr tiefste menschliche Finsternis und Verlassenheit. Daher galt seine eigentliche Sorge den Kranken, Gestrauchelten, den Ausgestossenen und Sündern. Ihnen bringt er die Frohe Botschaft: „Der Menschensohn ist gekommen, um zu suchen und zu retten, was verloren ist" (Lk 19, 10).

Dieses Engagement Jesu, seine entschiedene Parteinahme für die Armen und Benachteiligten, seine furchtlose Kritik an den Herrschenden, und schliesslich sein machtvolles Zeugnis über sich selbst (Da sagten alle: „Du bist also der Sohn Gottes?" Er antwortete ihnen: „Ihr sagt es - ich bin es!" Lk 22,70), das ihm als Gotteslästerung ausgelegt wird, sind die Gründe für seinen gewaltsamen Tod. Jesus antwortet auf die drohende Gewalt mit einer radikalen Liebe und Hingabe, die in der Geschichte der Menschheit einen grundlegenden Wertewandel einleitet. Diese seine Haltung angesichts des nahenden Leidens und Todes durchbrach ein für allemal die Spirale des Bösen, jenes Bösen, das immer neu Böses zeugt. Nur jene Liebe Jesu, dem Bösen entgegengesetzt, die uns in den Worten „Vater, vergib ihnen, denn sie wissen nicht, was sie tun" überliefert ist, würde heute unsere Welt verändern und retten können. Sie verweist auf ein neues Gesetz: Gottes Kraft wird im Schwachen und Ohnmächtigen mächtig.
Am stärksten gewinnt dieses Gesetz Gestalt in Jesu Tod und Auferstehung. Jesus bleibt nicht im Grab! Im absoluten Vertrauen auf Gott erweist sich Gottes Macht als unzerstörbar und unüberwindbar. Im Text des Glaubensbekenntnisses ist das Erlösungs- und Auferstehungsgeheimnis in dichtester Weise

zusammengefasst: „Gekreuzigt durch Pontius Pilatus, gestorben und begraben worden, hinabgestiegen zur Hölle, am dritten Tage auferstanden von den Toten, aufgefahren in den Himmel, wo er sitzt zur Rechten Gottes."
Gott hat Jesus auferweckt. Er ist der Erstgeborene der Toten, der in seiner durchstandenen Gottverlassenheit und Höllenfahrt ein für allemal uns und die ganze Welt mit Gott versöhnt hat (vgl. 2. Kor 5, 18f). Erd und Himmel sind von nun an wesensmässig verbunden. Darum ist der Weg zum Vater für alle Schöpfung offen.

Übung

1. Schriftlesung
   Lies einen Text aus den Evangelien, der Dir hilft, Gestalt und Wesen des Jesus' von Nazareth tiefer zu verstehen.
2. Vorbereitung wie bei der Übung auf Seite 18f.
3. Visualisierung:
   Stell Dir, anhand des von Dir ausgewählten Textes, eine persönliche Begegnung mit Jesus vor.
   Sieh Dich selber im Umfeld des von Dir ausgewählten Textes! Zum Beispiel Mt 4, 23-25.
   Stell Dir Jesus vor, umgeben von den verschiedensten Menschen im Nahen Osten.
   Sieh, wie Er Kranke heilt, die Menschen von Besessenheit befreit und lehrt, wie sie das Reich Gottes finden können.
   Nun stell Dir Deine grösste psychische Verstrickung, Behinderung oder Besessenheit vor. Zum Beispiel Dein Verstricktsein in unversöhnte Konflikte, Deine Unfähigkeit, Verletzungen loszulassen und zu verzeihen, Deine Besessenheit von materiellen Gütern…
   Geh' so wie die anderen Menschen auf Jesus zu. Zeig ihm Deine Gebrechen.
   Lass Begegnung zu und sieh, wie Jesus auf Deine Bitten eingeht…

Der mystische Leib Christi

In Evangelien und Apostelgeschichte wird deutlich, dass die Jünger Jesu die Christuswirklichkeit nicht fassen konnten, solange Jesus bei ihnen war. Jesus wusste darum, deshalb verwies er sie auf die Zeit nach seinem Weggehen: „Es ist gut für euch, dass ich fortgehe… Noch vieles habe ich euch zu sagen, aber ihr könnt es jetzt nicht tragen. Wenn aber jener kommt, der Geist der Wahrheit, wird er euch in die ganze Wahrheit führen" (Joh 16, 7. 12. 13).
Erst nach der Geistsendung begannen die Apostel, die Christuswirklichkeit in ihren universalen Dimensionen zu erkennen; den auferstandenen erhöhten Christus, der in einem immerwährenden Akt von Vereinigungen und Läuterungen alle Kräfte und Dimensionen des Alls an sich zieht. Aus der Herzmitte des Kosmos, in dessen Tiefen, Abgründe und Dunkelheiten Christus sterbend hineindrang, webt der Auferstandene Kräfte der Transformation, welche die neue Schöpfung hervorbringen. Die Gottesgeburt dauert also an. Der Auferstandene wandelt die Menschheit in seinen mystischen Leib. Aber nicht nur die Menschheit, sondern die ganze Schöpfung, ja der Kosmos mit all seinen möglichen anderen Menschheiten und Spezies und mit all seinen geistigen Welten und Wesenheiten ist berufen, Leib Christi zu werden. Menschheit und Schöpfung sind schicksalshaft miteinander verbunden. Paulus hat dies treffend im Römerbrief zum Ausdruck gebracht: „Denn die ganze Schöpfung wartet sehnsüchtig auf das Offenbarwerden der Söhne Gottes. Die Schöpfung ist der Vergänglichkeit unterworfen, nicht aus eigenem Willen, sondern durch den, der sie unterworfen hat, aber zugleich gab er ihr Hoffnung: Auch die Schöpfung soll von der Sklaverei und Verlorenheit befreit werden zur Freiheit und Herrlichkeit der Kinder Gottes. Denn wir wissen, dass die gesamte Schöpfung bis zum heutigen Tag seufzt und in Geburtswehen liegt. Aber auch wir, obwohl wir als

Erstlingsgabe den Geist haben, seufzen in unserem Herzen und warten darauf, dass wir mit der Erlösung unseres Leibes als Söhne offenbar werden" (Röm 8, 19-23).

Wir sind eins mit der Schöpfung. In uns und mit uns wird die Schöpfung erlöst in dem Masse, wie sich die Christusgeburt in jedem einzelnen von uns vollzieht. Der Mensch ist die Mitte der materiellen und geistigen Welt. In ihm sind Materie, Psychisches und Geistiges vereint. Die Christusgeburt im Menschen wirkt sich daher in beide Richtungen der Schöpfung aus: in die materielle und geistige Dimension.

Wir können es auch so ausdrücken: Was an Maria leiblich und geistig geschah, soll geistig auch an uns geschehen, so dass in uns Wirklichkeit wird: „Nicht mehr ich lebe, sondern Christus lebt in mir" (Gal 2, 20). Als Zusammenfassung, Ausdruck und Abbild des Organismus Schöpfung sind wir dazu berufen, Christus in uns zu gebären. Wir können hier von der dritten Phase der Gottesgeburt sprechen, einer Gottesgeburt, in der durch uns auch der Kosmos in die Gestalt Christi verwandelt wird. Paulus beschwört uns, doch zu verstehen, zu welcher Grösse und Herrlichkeit wir in Christus, als Mitte der Schöpfung berufen sind: „Der Gott Jesu Christi, unseres Herrn, der Vater der Herrlichkeit, gebe euch den Geist der Weisheit und Offenbarung, damit ihr ihn erkennt. Er erleuchte die Augen eures Herzens, damit ihr versteht, zu welcher Hoffnung ihr durch ihn berufen seid, welchen Reichtum die Herrlichkeit seines Erbes den Heiligen schenkt und wie überragend gross seine Macht sich an uns, den Gläubigen, erweist durch das Wirken seiner Kraft und Stärke. Er hat sie an Christus erwiesen, den er von den Toten auferweckt und im Himmel auf den Platz zu seiner Rechten erhoben hat, hoch über alle Fürsten und Gewalten, Mächte und Herrschaften und über jeden Namen, der nicht nur in dieser Welt, sondern auch in der zukünftigen genannt wird. Alles hat er ihm zu

Füssen gelegt und ihn, der als Haupt alles überragt, über die Kirche gesetzt. Sie ist sein Leib und wird von ihm erfüllt, der das All ganz und gar beherrscht" (Eph 1, 17-22).

Übung

Ich werde mir der Wirklichkeit des wachsenden Leibes Christi bewusst, indem ich diese Wirklichkeit im Alltag aktualisiere.
Im Bus, an der Tramhaltestelle, an meinem Arbeitsort, in meiner Familie, in jeder Umgebung und Situation meines Lebens kann ich das Wort „Leib Christi" in mir aussprechen und meinem Gegenüber zusprechen.
Wann immer ich „Leib Christi" ausspreche und zuspreche, rufe ich Segen auf meine Mitmenschen und deren Umgebung herab.

Der eucharistische Christus

Schöpfung und Menschheit sind eine organische Einheit. Alles was sich physisch, psychisch und geistig in der Menschheit vollzieht, hat daher Auswirkungen auf die ganze Schöpfung. In der Menschheit ist die Schöpfung dabei, sich als lebendigen Organismus zu erkennen. Aufgabe der Kirche ist es, dem zu sich selber erwachenden Organismus Schöpfung durch Lehre und Sakramente zu ermöglichen, sich als Leib Christi zu erkennen und immer mehr Leib Christi zu werden.
Zentrum dieses erweckenden und wandelnden Prozesses in jener Wirklichkeit, die wir 'Universaler Christus' nennen, ist der Eucharistische Christus. Augustinus spricht dieses Geheimnis an, wenn er sagt: „Euer Geheimnis selbst ist auf den Altar gelegt: Seht, was ihr seid - seid, was ihr seht. Empfanget den Leib Christi, seid der Leib Christi."
Jesus hat uns ein Zeichen der Einheit und Wandlung zurückgelassen, wie es schlichter und schöner nicht hätte sein

können: Brot und Wein, die Früchte der Erde und der menschlichen Arbeit!

Als Jesus nach der wunderbaren Brotvermehrung am See von Tiberias von der Menge, die erneut gespeist werden wollte, gesucht wurde, öffnete er ihnen die Augen für jene Speise, die vom Himmel kommt und nicht mehr verdirbt (Joh 6, 27-33). „Da baten sie ihn: Herr, gib uns immer dieses Brot. Jesus antwortete ihnen: Ich bin das Brot des Lebens; wer zu mir kommt, wird nie mehr hungern, wer an mich glaubt, wird nie mehr Durst haben... Eure Väter haben in der Wüste das Manna gegessen und sind gestorben. So aber ist es mit dem Brot, das vom Himmel herabkommt: Wenn jemand davon isst, wird er nicht sterben. Ich bin das lebendige Brot, das vom Himmel herabgekommen ist. Wer von diesem Brot isst, wird in Ewigkeit leben. Das Brot, das ich geben werde, ist mein Fleisch, (ich gebe es hin) für das Leben der Welt... Wie mich der lebendige Vater gesandt hat, und wie ich durch den Vater lebe, so wird jeder, der mich isst, durch mich leben" (Joh 6, 34f, 49-51, 57).

In seiner Rede über das Himmelsbrot in der Synagoge von Kapharnaum öffnet Jesus uns die Augen für das Geschenk der Einigung und Wandlung, das er uns zurücklässt: das Mahl, in welchem er selbst sich in den Gaben der Schöpfung zur Nahrung gibt. „Denn mein Fleisch ist wirklich eine Speise, und mein Blut ist wirklich ein Trank. Wer mein Fleisch isst und mein Blut trinkt, der bleibt in mir, und ich bleibe in ihm" (Joh 6, 55-56). Der eucharistische Christus assimiliert uns in jeder Kommunion (Vereinigung) organisch in seine Gestalt und wandelt uns in seinen Leib. Jede Kommunion ist Ausdruck und Intensivierung der einen Kommunion, in welcher der Auferstandene die Menschen und in den Menschen die Schöpfung an sich zieht und seinen mystischen Leib aufbaut. Die Wandlung von Brot und Wein in den Leib Christi und die organische Vereinigung mit ihm in der Kommunion wirkt sich daher über den Menschen in den Kosmos aus; unter dem Einfluss des eucharistischen Christus wird der ganze Kosmos in die „Gestalt des Sohnes" verwandelt.

Anregung:
„Seid, was ihr seht, seht, was ihr seid. Empfanget den Leib Christ. Seid der Leib Christi." (Augustinus)
Werde Dir sowohl bei der Wandlung in der Eucharistie, als auch beim Empfangen des eucharistischen Christus bewusst, dass Christus Dich wandeln will in seinen Leib! Überlass Dich seinem wandelnden und erneuernden Wirken in Dir.

2. Der Heilige Geist / die Heilige Geistin / im Dreifaltigen Gott und in der Schöpfung

Mit einem Text aus der Heilig-Geist-Enzyklika von Papst Johannes Paul II. soll dieses Kapitel eingeleitet werden. Dieser Text fasst nicht nur zusammen, was mit dem Universalen Christus in seiner kosmischen, geschichtlichen, eucharistischen und mystischen Dimension gemeint ist; er öffnet auch den Blick für die Vollendung der Gottesgeburt, die das Ende aller Zeit sein wird:
„Die Menschwerdung des Gottessohnes bedeutet nicht nur die Aufnahme der menschlichen Natur in die Einheit mit Gott, sondern gewissermassen alles dessen,was Fleisch ist: der ganzen sichtbaren und materiellen Welt. Die Menschwerdung hat also auch ihre kosmische Bedeutung und Dimension. Indem der 'Erstgeborene der ganzen Schöpfung' (Kol 1, 15) in diesem individuellen Menschen Christus Fleisch annimmt, vereinigt er sich gleichsam mit der ganzen Wirklichkeit des Menschen, der auch 'Fleisch' ist... und dadurch mit allem 'Fleisch', mit der ganzen Schöpfung". [6]

6 vgl. Dominum et Vivificantem: Über den Heiligen Geist im Leben der Kirche und der Welt. 1986.

Bild der Dreifaltigkeit aus der Kirche Urschelling bei Prien.
Foto Berger.

Die Bestimmung des Menschen und der ganzen Menschheit ist „die Aufnahme der menschlichen Natur in die Einheit mit Gott" und all dessen, was zur menschlichen Natur gehört, also die ganze Schöpfung. Die Zielgestalt christlicher Vollendung ist also nicht Überwindung und Auflösung der Materie, sondern deren Vollendung in der Geistmaterie, die uns verheissen ist in der Auferstehung des Fleisches. So heisst es in 1. Kor 15: „Was gesät wird, ist armselig, was auferweckt wird, herrlich... Gesät wird ein irdischer Leib, auferweckt ein überirdischer Leib...". Wie wir nach dem Bild des Irdischen gestaltet wurden, so werden wir auch nach dem Bild des Himmlischen gestaltet werden. An anderer Stelle nennt Paulus den verwandelten Zustand eine „neue Schöpfung", die wir und mit uns die ganze jetzt noch „seufzende" Schöpfung sein werden. Der neue Himmel und die neue Erde in Christus ist die uns gegebene Verheissung. Die Gottesgeburt in den drei Phasen ist vollendet, wenn der Sohn vollendet ist, und die ganze Schöpfung mit der sich der universale Christus umleibt zur Wohnung Gottes geworden ist.

Die Gottesgeburt, die im dunklen Abgrund der Gottheit beginnt, sich über verschiedene Stadien fortsetzt und am Ende der Zeit ihre Vollendung findet, wird immer ausgelöst und umfangen von Gottes Heiligem Geist.

Wenn wir die Übersetzungs- und Interpretationsgeschichte jener Wirkweise der Dreieinen Gottheit, die mit Heiligem Geist benannt wird, nachvollziehen, dann wird deutlich, dass Gottes Geist nicht immer in männlicher Form erfahren wurde. „Der Geist", vom lateinischen (männlichen) „Spiritus" übersetzt, hatte im griechischen „Pneuma" eine neutrale und im hebräischen „Ruah" eine weibliche Dimension. Die weibliche „Ruah" bedeutet im Alten Testament Gottes Atem, Lebenskraft und Lebendigkeit. Weibliche Attribute hat im Alten Testament auch „Sophia", Gottes Weisheit, die „über alle seine Werke ausgegossen ist" (Sirach 1, 9).

Wir sind dabei, aus der mentalen Bewusstseinsstruktur, die geprägt war durch eine vorwiegend messende, analysierende und quantifizierende Welterfassung, in die integrale, ganzheitlichere Bewusstseinsstruktur hineinzuwachsen. Dies bedeutet auch eine neue Sensibilisierung für Ausdrucksweise und Sprache. Eine Sprache, die vorwiegend Ausdruck mentaler Bewusstseinsstruktur ist, genügt heute nicht mehr, weil in ihr die Elemente der ganzheitlichen Erlebnisweise fehlen. Immer mehr Menschen wird diese Einseitigkeit der Sprache in biblischen, kirchlichen und liturgischen Texten schmerzhaft bewusst. Ein Ausdruck des Wirkens des Heiligen Geistes in uns Menschen ist die schöpferische Suche nach einer Sprache, die versucht, das Geheimnis und die Erfahrung „Gott" in jeder Zeit neu auszudrücken.

Ich möchte daher die Wirkweise des Heiligen Geistes innerhalb der verschiedenen Phasen der Gottesgeburt als das Wirken von Gottes Heiliger Geistin bezeichnen. Sie ist die einheitsstiftende, verbindende, zeugende und ewig erneuernde Schöpferkraft der Gottheit, deren Wesen es ist, die Gottesgeburt einzuleiten, zu offenbaren und zu vollenden:
Zum Urgrund, der sich in ewiger Liebeskommunikation zeugend erkennt im Wort, fliesst das Liebeswort zurück. Der Gottheit Heilige Geistin ist daher das unendliche Fassungsvermögen für jene Liebe, welche von der Quelle ausgeht, die durch das Wort zurückfliessende Liebe aufnimmt und diese an die Quelle im Urgrund zurückgibt. Gottes Heilige Geistin ist die weiblich-empfangende Wirkweise des Dreieinen, die Liebe, die vom Vater und vom Sohn ausgeht. Sie ist wirkmächtig in allen Phasen der Schöpfung, von den Anfängen der Gestaltwerdung des Logos bis zu seiner Vollendung. In der weiblichen Schöpferkraft Gottes, der Heiligen Geistin, reifte die Welt über je neue Vereinigungen und Gestaltwandel zur „Fülle der Zeit", zu jener Gestalt und Bewusstseinsdimension, in welcher das Wort Fleisch werden konnte

Die lebenserweckende Kraft der Gottheit, die Heilige Geistin, überschattete Maria und zeugte den Gottes- und Menschensohn. Und eben diese Kraft Gottes öffnete bei der Taufe im Jordan Jesus das innere Auge für die in ihm wesende Christuswirklichkeit. Und dieselbe schöpferische Kraft des Dreieinen erfüllte an Pfingsten die versammelte Apostelgemeinde, so dass sie von da an zur Verkündigung des Reiches Gottes befähigt wurde.
Gottes Heilige Geistin wirkt auch heute in der Schöpfung, erfüllt den Erdkreis und öffnet Auge und Herzen zur Erkenntnis des Sohnes und des Vaters. Gottes Heilige Geistin wird die Gestalt des Sohnes durch das Gericht vollenden und dem Vater den mit seiner Schöpfung bekleideten Sohn schenken. „Wenn er (sie) kommt (die Heilige Geistin), wird er (sie) die Welt überführen und aufdecken, was Sünde, Gerechtigkeit und Gericht ist" (Joh 16, 8). Zu aller Schöpfung wird die Heilige Geistin dann sagen: „Komm! Wer durstig ist, der komme. Wer will, der empfange umsonst das Wasser des Lebens" (Offb 22, 17), denn der Sohn ist Alpha und Omega, der Erste und der Letzte, der Anfang und das Ende.

Gebet

Heilige Geistin, Du ewige Liebe zwischen Vater und Sohn, Du hast mich zur Hingabe an den Universalen Christus gerufen.
Hilf mir, die Wirklichkeit Christi zu erkennen in allen ihren Dimensionen:
Im kosmischen Christus, der wirkt in seiner ganzen Schöpfung,
In Jesus von Nazareth, dem geschichtlichen Christus, der in diese Welt kam und unser Bruder geworden ist,
Im eucharistischen Christus, in welchem Du die Menschheit immer tiefer einst und heiligst,

In Deinem mystischen Leib, in dem Du Dich organisch mit uns verbindest.
Hilf mir, die Wirklichkeit Christi in allen diesen Dimensionen zu erkennen, zu preisen, anzubeten und zu lieben.

3. Christus in seinen Engeln und Heiligen

Der Geist Gottes wirkt in vielfacher Weise.
In allen Phasen der menschlichen Geschichte, in allen Kulturen und Religionen gab es Menschen, die durch innere Stimmen, Träume, Visionen und Offenbarungen inspiriert, geführt und zu besonderen Aufgaben angeleitet wurden. Erst in der Zeit eines vorwiegend positivistisch-materialistischen Denkens wurden diese Erfahrungen als unaufgeklärte Denk- und Erlebnisweisen abqualifiziert und verdrängt. Die dadurch entstandene Überbewertung der mentalen Bewusstseinsebene sowie die Abwertung der mythisch-magischen Bewusstseinsebenen haben eine Einseitigkeit des Erlebens und Handelns hervorgebracht, welche in unseren Tagen vehement ins Gegenteil umschlägt.
Es scheint, dass durch das Erwachen des integralen Bewusstseins auch der Vorhang zwischen „hier und dort" dünner wird. Überall ist ein Aufbrechen von paranormalen Erfahrungen und Fähigkeiten zu beobachten. Die Bücher, Tonband- und Videokassetten mit sogenanntem „gechanneltem Material" gehören zu den bestverkauften Erzeugnissen der achtziger Jahre.[7]

Bei den angedeuteten Phänomenen handelt es sich nicht um irgendeine Randerscheinung unserer Zeit. Das Näherkommen von „hier und dort" beschäftigt zunehmend namhafte

7 vgl. dazu: Klimo Jon, Channeling. Der Empfang von Informationen aus paranormalen Quellen, Freiburg i.Br. 1988.

Forscher aus Natur- und Geisteswissenschaft. Sie entdecken, dass die Wirklichkeit unendlich viel komplexer ist, als sie diese bisher erkannten, und dass die sich neu erschliessenden Dimensionen mit dem bisherigen Instrumentarium der Forschung nicht erfasst werden können.

Die Bewusstseinsforschung und die Parapsychologie untersuchen Phänomene der aussersinnlichen Wahrnehmung wie Intuition, Kreativität, Präkognition, luzide Träume, Trance, Hypnose, Telepathie und Hellsehen.

Die klinische Psychologie, Psychiatrie und Parapsychiatrie untersuchen die verschiedenen Formen der Erweiterung der Ichgrenzen sowie der damit zusammenhängenden Identitätsstörungen, die Grenzbereiche zwischen Mediumismus, multiplen Persönlichkeiten und Psychosen.

Die Psychobiologie untersucht die Wirkweisen des holographischen Gehirns, die Synchronizität der Gehirnhemisphären sowie die Kundaliniphänomene als biologische Grundlage der religiösen Erfahrung.

Die Physik und Paraphysik untersuchen Phänomene wie Materialisierungen, Levitationen, paranormales Heilen, geistige Chirurgie. Sie fragen nach der „Vergeistigung des Physischen" und der „Physikalisierung des Geistigen" und versuchen, alle Formen des Geistes von Menschen und anderen Wesenheiten in Begriffen wie „Strukturen", „Felder", „kinetische Energien", „Frequenzen", „Wellenlängen" zu beschreiben und zu erklären.

Durch all diese und andere Forschungen leuchtet die wachsende Erkenntnis auf, dass wir in einem multidimensionalen Universum leben, das Sammler und Bewahrer von Bewusstsein ist und in dem die verschiedensten Entitäten, Intelligenzen, Wesenheiten und energetischen Felder vorkommen. Immer mehr wächst die Erkenntnis, dass die menschliche Seele fähig ist, mit den verschiedenen Dimensionen der Wirklichkeit zu kommunizieren. Ebenso verstärkt sich die Auffassung, dass die geistigen Wesenheiten den Kontakt mit der Menschheit suchen.

Dies alles löste im letzten Jahrzehnt so viele unüberschaubare Prozesse aus, dass mittlerweile nicht nur in den Kirchen, sondern gerade auch in den genannten Forschungsbereichen dringend nach einer „Unterscheidung der Geister" gefragt wird.

Ist es nicht Aufgabe der Christen und Christinnen, sich im Kontakt zu den verschiedenen Dimensionen der Wirklichkeit zu spezialisieren? Steht es nicht gerade ihnen an, bei der so notwendigen Unterscheidung der Geister mitzuarbeiten? Die ehemals im katholischen Raum lebendigen Beziehungen zu den genannten Wirklichkeitsdimensionen (Kontakte zu Verstorbenen, der Gemeinschaft der Heiligen, den Engeln und geistigen Hierarchien) wurden zwar durch Aufklärung und entmythologisierende Exegese weitgehend aus dem Alltagsbewusstsein der Christen verdrängt. Verloren sind sie trotzdem nicht. Aber obwohl sie anwesend sind in allen Ebenen des liturgischen Kirchenjahres, von der Feier der Eucharistie über das Stundengebet, die Kirchenlieder, Litaneien, Psalmen, bis hin zu den besonderen Festen der Heiligen, der Engel und Verstorbenen, wissen viele Christen mit den überall aufbrechenden Phänomenen des Mediumismus und Channeling wenig anzufangen. In der Katechese wird kaum Zugang zu diesen Dimensionen der Wirklichkeit erschlossen. Vielen Menschen ist die Erfahrung des lebendigen Kontaktes zu Verstorbenen, Heiligen und Engeln weitgehend abhanden gekommen.

Dass die Annäherung der geistigen Welten an unsere Welt dennoch stattfindet und oft im ausserkirchlichen Bereich radikaler ernst genommen wird als innerhalb der Kirchen, zeigt uns, dass das Wirken des Heiligen Geistes nicht an den Kirchentüren halt macht. Dies sollte uns freuen, verlangt aber von uns, dass wir den Zugang zur geistigen Welt in Theologie, Pastoral und Katechese neu finden.

Es ist Aufgabe der Kirche, den Gläubigen, und nicht nur ihnen, bei der Unterscheidung von paranormalen und spirituellen Erfahrungen behilflich zu sein und zu zeigen, dass das wahllose Sich-Öffnen gegenüber den geistigen Welten gefährlich sein kann. Aus dem gechannelten Material geht deutlich hervor, dass auch in den geistigen Welten ein Prozess des Erkennens und Bejahens der Wirklichkeit Christi stattfindet. Nicht alle Wesenheiten, mit denen wir in Kontakt kommen können, sind weiter entwickelt als wir, und nicht alle Botschaften, die von „drüben" kommen, sind vom Geist Christi erfüllt. Wie wir, so erwachen auch die Wesenheiten der immateriellen Welt zur Herrlichkeit der Kinder Gottes durch die Bejahung der Christuswirklichkeit.

Es ist daher nicht gleichgültig, mit welchen Wesenheiten der geistigen Welt wir in Kontakt treten und welchen Stellenwert wir ihnen in unserem Leben einräumen.

Die folgenden Kapitel sollen helfen, den Kontakt mit den geistigen Welten wieder vermehrt aufzunehmen. Gleichzeitig sollen sie zur notwendigen Unterscheidung der Geister anregen.

Christus in seinen Engeln

„Lobt den Herrn, ihr seine Engel..., die seine Befehle vollstrekken, seinen Worten gehorsam!" (Ps 103,20).

In allen Kulturen und religiösen Traditionen treffen wir die Überzeugung an, dass es „Zwischenwesen" gibt; Wesenheiten, die existieren zwischen der gestalt- und formlosen Dimension der letzten Wirklichkeit und der grobstofflichen Welt. Sie sind Hüter der kosmischen Ordnung, hoheitsvolle Manifestationen der Schöpferkraft, die die Welt im Dasein hält. Wir finden sie bei den Assyrern als Kerube, Mischwesen aus Löwenleib, Stierbeinen, Adlerflügel und Menschenkopf, gekrönt mit der Hörnertiara, dem Symbol göttlicher Macht, oder auch als Wächter am Eingang von Tempel und Palästen. Wir sehen sie in der babylonischen Kultur als Schutzgeister des sumerisch-babylonischen Pantheons oder als Dämonen, von den Göttern beauftragt, Zwietracht unter die Menschen zu säen. Wir treffen sie bei den alten Griechen als göttliche Boten, beauftragt, die Ordnung des Kosmos aufrecht zu erhalten und in den Menschen Reinigung, Wandlung und Erneuerung zu bewirken[8].
Die Geistwesen in diesen alten Kulturen werden immer sowohl als gute, inspirierende und heilbringende Wesen erfahren wie auch als Wesenheiten, die dem bösen Prinzip verpflichtet sind, darauf bedacht, die Ordnung im Kosmos durcheinander zu bringen und die Menschen irrezuleiten.

Auch die Texte des Alten und Neuen Testaments sind erfüllt von Engeln. Angefangen vom ersten Buch der Bibel, der Genesis, wo ein feuriger Engelkreis das Paradies bewacht[9], bis hin zum letzten Buch der Bibel, der geheimen Offenbarung, in der gezeigt wird, wie Engel die letzte Umwandlung des Kosmos in den „neuen Himmel und die neue Erde" (vgl. Offb 21, 1) gemäss den Anweisungen Gottes vollziehen, ist der Engel da, als Mittler zwischen Gott und Mensch.

8 vgl. Rosenberg Alfons: Engel und Dämonen, München [2] 1986.
9 vgl. Gen 3, 23 - 24

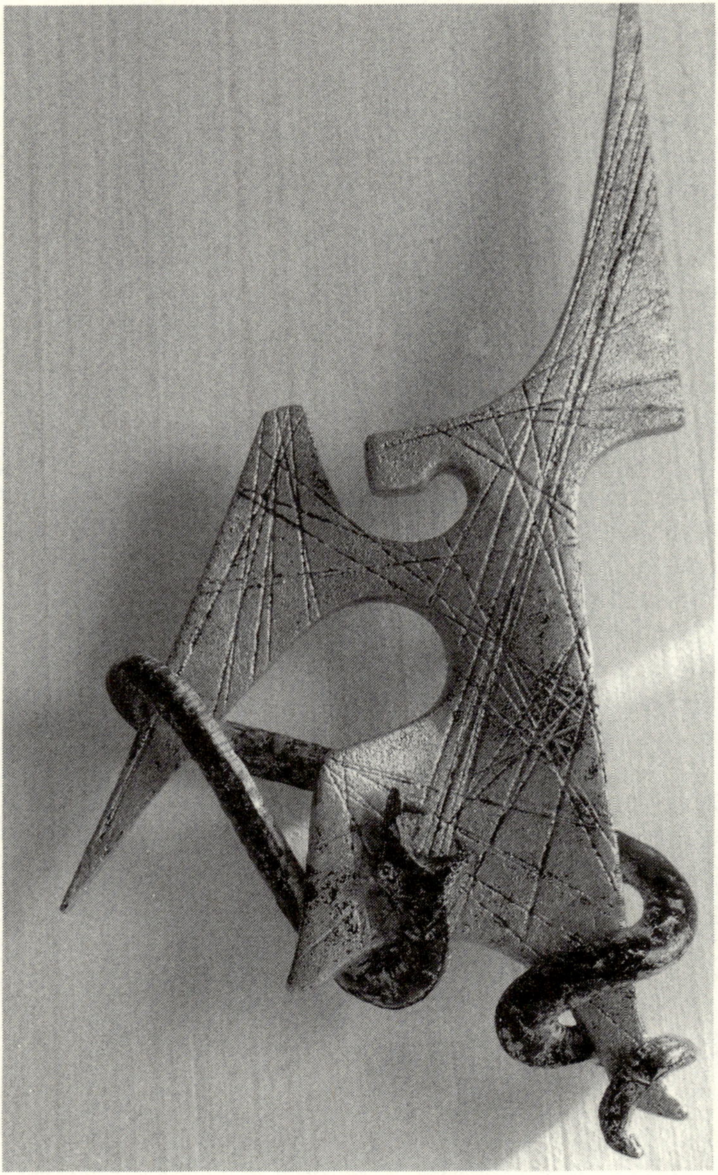

Michael und der Drache.
Plastik von Eugen Renggli, Lucelle.

Auch die Engel der Bibel sind Wesenheiten voll Hoheit und Kraft, seit Beginn der Schöpfung in das Heilswerk Gottes einbezogen. Sie gelten als die Ersterschaffenen der physischen Schöpfung. Sie werden erfahren und gedeutet als Wesen mit pneumatischem Ätherleib, jener Art der Materie, die nach Origines „die höchste Formation der Materie ist, und zusammenfällt mit jenem allumfassenden Lichtreich, welches an der Grenze des reinen Geisterreiches liegt"[10]. Im Neuen wie auch im Alten Testament erscheinen Engel immer dann, wenn wichtige heilsgeschichtliche Wendungen bevorstehen oder aussergewöhnliche Ereignisse eintreten.

Im Lukas-Evangelium wird Zacharias von einem Engel verkündet, dass seine Frau Elisabeth einen Sohn gebären wird. Als Zacharias dem Engel erklärt, dass er und seine Frau sich in vorgerücktem Alter befinden und die Zeit der Zeugung und Geburt hinter ihnen liegt, antwortet der Engel mit strengen und gleichzeitig ermutigenden Worten: „Ich bin Gabriel, der vor Gott steht und bin gesandt worden, um mit dir zu reden und dir diese frohe Botschaft zu bringen" (Lk 1, 19).
Jesu Empfängnis, Geburt, Leben, Tod und Auferstehung sind von Engeln begleitet. Im Lukas-Evangelium wird mit erstaunlicher Nüchternheit beschrieben, wie Gabriel, der Erzengel der Anfänge, der Zeugung und Geburt, in eine Stadt namens Nazareth zu einer Jungfrau gesandt wird. „Der Engel trat bei ihr ein und sagte: Sei gegrüsst, du Begnadete. Der Herr ist mit dir." Als Maria über diese Anrede erschrickt und überlegt, was sie bedeuten solle, sagt der Engel: „Fürchte dich nicht Maria; denn du hast bei Gott Gnade gefunden. Du wirst ein Kind empfangen, einen Sohn wirst du gebären: Dem sollst du den Namen Jesus geben. Er wird gross sein und der Sohn des Höchsten genannt werden". Der Engel ist im Leben Jesu eine

10 zitiert bei Rosenberg a.a.O.

Selbstverständlichkeit. Ein Engel dient Ihm, nachdem der Satan Ihn dreimal versucht hat (vgl. Mt 4, 11). Engel trösten Ihn und geben Ihm neue Kraft, als Er in Todesangst am Ölberg den Vater bittet, ihm, wenn es möglich ist, den bitteren Kelch des Leidens und Sterbens zu ersparen (vgl. Lk 22, 42f).

Die Engel sind auch ein selbstverständlicher Bestandteil von Jesu Predigt und Lehre.
Im Lukas-Evangelium wird im Gleichnis vom verlorenen Schaf und der verlorenen Drachme gezeigt, wie Jesus von der Freude der Engel spricht, wenn der Mensch sich wandelt zum Guten: „Ich sage Euch, ebenso herrscht auch bei den Engeln Gottes Freude über einen einzigen Sünder, der umgekehrt" (Lk 15, 10).
Im Sprechen Jesu über Endzeit und Gericht nehmen die Engel eine wichtige Stellung ein.
„Der Menschensohn wird mit seinen Engeln in der Hoheit seines Vaters kommen und jedem Menschen vergelten, wie es seine Taten verdienen" (Mt 16, 27).
Eindrücklich ist die Schilderung im Matthäus-Evangelium, wo ein Engel den Frauen verkündet, dass Jesus auferstanden ist und sie gleichzeitig auf die Begegnung mit dem Auferstandenen vorbereitet: „Plötzlich entstand ein gewaltiges Erdbeben, denn ein Engel des Herrn kam vom Himmel herab, trat an das Grab, wälzte den Stein weg und setzte sich darauf. Seine Gestalt leuchtete wie ein Blitz und sein Gewand war weiss wie Schnee. Die Wächter begannen vor Angst zu zittern und fielen wie tot zu Boden. Der Engel aber sagte zu den Frauen: Fürchtet euch nicht! Ich weiss, ihr sucht Jesus, den Gekreuzigten. Er ist nicht hier, denn er ist auferstanden, wie er gesagt hat. ...Er geht euch voraus nach Galiläa, dort werdet ihr ihn sehen" (Mt 28, 2 - 8).

Nach christlicher Überzeugung sind Engel erschaffene Wesen. Sie gehören zur Schöpfung, ebenso wie der Kosmos und der Mensch, wie es im Kolosser-Hymnus ausdrücklich betont wird: „Er (Christus) ist das Ebenbild des unsichtbaren Gottes, der Erstgeborene der ganzen Schöpfung. Denn in Ihm wurde alles erschaffen, im Himmel und auf Erden, das Sichtbare und das Unsichtbare, Throne, Herrschaften, Mächte und Gewalten, alles ist durch Ihn und auf Ihn hin geschaffen. Er ist vor aller Schöpfung, in Ihm hat alles Bestand" (Kol 1, 15 - 17).

In Christus ist nicht nur die sichtbare, grobstoffliche Welt erschaffen. In Christus sind auch die Himmel, die Throne, Herrschaften, Mächte und Gewalten, also die immateriellen, feinstofflichen Welten erschaffen. Throne (Ophanim), Mächte (Exousiai), Herrschaften und Gewalten (Kyriotetes) sind Namen verschiedener Engelgruppen. Dem Verfasser des Kolosserbriefes ist es wichtig zu zeigen, dass die in den antiken Religionen des Mittelmeerraumes bekannten Elementarengel, die für die Ordnung des Kosmos verantwortlich galten, der Hoheit Christi unterstellt sind. Noch radikaler wird die Herrschaft Christi über alle Geistwesen des Himmels und der Erde im Epheserbrief dargestellt: „Der Vater der Herrlichkeit... erleuchte die Augen eures Herzens, damit ihr versteht, zu welcher Hoffnung ihr durch ihn berufen seid... und wie überragend gross seine Macht sich an uns, den Gläubigen, erweist, durch das Wirken seiner Kraft und Stärke. Er hat sie an Christus erwiesen, den er von den Toten auferweckt und im Himmel auf den Platz zu seiner Rechten erhoben hat, hoch über alle Fürsten und Gewalten, Mächte und Herrschaften und über jeden Namen, der nicht nur in dieser Welt, sondern auch in der zukünftigen genannt wird. Alles hat er ihm zu Füssen gelegt, und ihn, der als Haupt alle überragt, über die Kirche gesetzt. Sie ist sein Leib und wird von ihm erfüllt, der das All ganz und gar beherrscht" (Eph 1, 17 - 23).

In den Paulusbriefen wird Christus als Anfang, Mitte und Ziel der Schöpfung gezeigt. Das grandiose Abenteuer der Transformation aller geschaffenen Welten in den neuen Himmel und die neue Erde geschieht in Christus und durch Christus. Nichts ermöglicht es irgendeiner Wesenheit, uns von Christus zu trennen. „Weder Tod noch Leben, weder Engel noch Mächte, weder Gegenwärtiges noch Zukünftiges, weder Gewalten der Höhe oder Tiefe, noch irgendeine andere Kreatur können uns scheiden von der Liebe Christi" (Röm 8, 38).
Durch Dionysios Aeropagita hat sich die Ansicht, dass die Engel in Hierarchien geordnet sind, auch im Christentum ausgebreitet. Der ersten Hierarchie sind die Seraphim, Cherubim und Throne zugeordnet. Sie sind die Brennenden vor Gott, die einen Flammenring um die ewige Mitte bilden. Der zweiten Hierarchie sind die Fürstentümer, Herrschaften und Gewalten zugeordnet. Es sind jene gewaltigen Wesenheiten, die als Weltenlenker bezeichnet werden. Sie bewegen, reinigen und wandeln die Universen entsprechend dem göttlichen Heils- und Entwicklungsplan und bereiten sie zur grossen Transformation aller Schöpfung in den Leib Christi. Der dritten Hierarchie sind die Mächte, Erzengel und Engel zugeordnet. Es sind jene Wesenheiten, die der grobstofflichen Welt am nächsten sind.

Nach Thomas von Aquin sind die Engel „Zweitursachen", kosmische Antriebskräfte, die aus dem Hintergrund alle physischen Prozesse des Kosmos leiten. Daher wird von Engeln des Feuers, des Schnees, des Reifes, des Donners und des Blitzes, wie auch von Engeln des Sommers und Winters gesprochen. Ambrosius von Mailand sagt, dass die Luft, die Erde und das Meer von Engeln erfüllt sind. Aber nicht nur die Materie ist den Engeln anvertraut, jeder Mensch, jede Gruppe, jedes Volk und jede Nation hat nach alter Tradition die ihm zugehörigen Engel und Engelgruppen, die beauftragt sind, sie zu schützen und ihnen zu helfen, ihre je spezifische Berufung zu verwirklichen.

Die bisherigen Ausführungen machen deutlich, dass in der orientalisch-hellenistischen wie auch in der jüdisch-christlichen Tradition die Existenz der Engel als selbstverständlich angenommen wurde.

Im Zuge der Entmythologisierung als Folge der Aufklärung wurden die Engel in der Theologie fast gänzlich enttrohnt. Und obwohl die Engel in Liturgie und Kirchenlied gegenwärtig blieben, hören Theologiestudenten und -studentinnen während ihres Studiums kaum etwas über Engel. Was in kirchlich-theologischen Kreisen weitgehend als „altmodisch" verworfen wird, nämlich die Erforschung und Deutung jener Wesenheiten, die Ausdruck eines multidimensionalen Universums sind, wird, wie wir bereits gesehen haben, von Naturwissenschaftern mit Faszination, Staunen und Ehrfurcht erforscht. Manche Physiker sind der Meinung, das Universum habe seinen Anfang im Bewusstsein und die feinstoffliche Materie, früher Äther genannt, beeinflusse und leite die Materie. Sie sind der Ansicht, dass die Materie, je feinstofflicher sie ist, dem umso näher kommt, was wir Bewusstsein nennen. An ihrem innersten, feinstofflichsten Punkt, sind Materie und Bewusstsein nicht mehr zu unterscheiden. Sowohl Materie wie auch Bewusstsein haben ihren Ursprung in der „Leere", die hinter ihnen liegt, deren Ausdruck sie aber sind. Der Physiker David Bohm[11] spricht von der „supra-impliziten Ordnung" der Materie. In dieser Ordnung der Materie, die sozusagen „hinter" der grobstofflichen Materie liegt, vermutet

11 David Bohm, Die implizite Ordnung und die supraimplizite Ordnung. In: Renée Weber, Wissenschaftlerin und Weise, Grafing 1987

Boom ein organisierendes, aktives, feinstoffliches Prinzip. Booms „supra-implizite Ordnung" erinnert auf erstaunliche Weise an die hinter der grobstofflichen Welt liegenden „Antriebskräfte", die „Throne, Herrschaften, Mächte und Gewalten", die für Thomas von Aquin die Zweitursachen der Schöpfung sind.

Ein weiteres Beispiel sei angefügt, um die frappante Ähnlichkeit heutiger naturwissenschaftlicher Erkenntnisse und paranormaler Erfahrungen mit früheren theologischen Aussagen aufzuzeigen. Das 4. Laterankonzil von 1215 bekennt: „Wir glauben fest und bekennen mit aufrichtigen Herzen, dass es nur einen, wahren, ewigen, unermesslichen und unveränderlichen Gott gibt... Dass Gott der eine Ursprung aller Dinge ist, der Schöpfer der sichtbaren und unsichtbaren, der geistigen und körperlichen. Er hat in seiner allmächtigen Kraft zu Anfang der Zeit in gleicher Weise beide Ordnungen der Schöpfung aus dem Nichts geschaffen, die geistige und die körperliche, d.h. die Engelwelt und die irdische Welt, und dann die Menschenwelt, die gewissermassen beide umfasst, da sie aus Geist und Körper besteht."[12] Die Aussage, dass Gott am Anfang der Zeit beide „Ordnungen der Schöpfung", die geistige wie die körperliche, die Engelwelt und die irdische Welt aus dem Nichts geschaffen habe, endet mit der Feststellung, dass dann erst die Menschenwelt, die gewissermassen beide umfasst, da sie aus „Geist und Körperlichkeit" besteht, geschaffen wurde. Diese Aussage unterstützt die heute sich festigende Ansicht, dass dem Menschen als der Mitte von Geist und Materie die besondere Aufgabe zukommt, die Brücke zwischen Geist und Materie zu werden. In dieser Sichtweise ist die Evolution nicht eine aufsteigende Linie, in welcher die Materie immer geistiger

12 Neuner-Roos, Der Glaube der Kirche, Regensburg [9] 1971, S. 187

wird, um sich schliesslich ganz aufzulösen. Die Evolution konzentriert sich im Gegenteil in der Mitte der Schöpfung, im Menschen. Der Mensch ist der Brennpunkt aller Kräfte. Das Ziel der Entwicklung ist nicht die Auflösung der Materie, sondern die Vereinigung von Geist und Materie im Menschen. Sind die Wissenschaftler unserer Zeit etwa dabei, die im 4. Laterankonzil erwähnte „geistige Ordnung", die ebenso aus dem Nichts erschaffen ist wie die „körperliche Ordnung", zu entdecken und zu untersuchen? Wenn dem so ist, wäre es dann nicht dringend nötig, dass moderne Theologen und Theologinnen sich an diesem Forschungsprozess beteiligen?!

Ein Beispiel für das weiter vorne erwähnte Channeling (Empfang von Informationen aus paranormaler Quelle) bietet das Buch „Die Antwort der Engel" von Gitta Mallasz.[13]
Die Botschaft, die die Engel Gitta Mallasz und ihren Freunden mitgeteilt haben, kreist immer wieder um das Thema „der neue Mensch" als Mitte zwischen Geist und Materie. Sie zeigt, dass zur Geburt des „neuen Menschen" die feinstoffliche und die grobstoffliche Dimension der Schöpfung, also Engel und Menschen, aufeinander verwiesen sind. Es scheint, dass in den geistigen Welten mit höchster Spannung und Anteilnahme der Prozess der Menschwerdung des Menschen verfolgt wird. Die Engel bitten uns, sie für diesen Prozess um Hilfe, Inspiration und Leitung anzurufen.

„Alle Engel, Seraphim und Cherubim,
alle himmlischen Kräfte,
die Singenden, die Dienenden,
sie kommen und dienen IHM in Euch!
Ruft! Und wir kommen!
Wir sind ja schon beinahe eins!"

13 Mallasz Gitta: Die Antwort der Engel, Zürich 1981

In den Texten von Gitta Mallasz wird die Hoheit Christi über alle Schöpfung und sein Wirken in aller Schöpfung in ergreifender Weise deutlich:
„Gebt den Frieden weiter -
er ist nicht euer!
Nur eins ist unser: ER!
Und wir sind SEIN.
Das ist unsere Lehre:
Wir durch IHN, und ER durch uns."[14]

In der Kurzformel „Wir durch IHN, ER durch uns", ist die Richtung, in der die wiederholt geforderte Unterscheidung der Geister zu erfolgen hat, markiert. Wo der Kontakt mit Engeln und geistigen Hierarchien in Christus erfolgt, brauchen wir vor den überall aufbrechenden Phänomenen des Mediumismus und Channeling keine Angst zu haben. Im Gegenteil! In Christus wird der Kontakt mit Engeln zur natürlichen Begegnung, die uns Kraft, Hilfe, Leitung, Mut und Inspiration schenkt. Zur Unterscheidung der Geister gehört unter anderem die Unterscheidung zwischen paranormalen und spirituellen Erfahrungen. Die paranormale Erfahrung allein verändert den Menschen noch nicht zum liebenden Menschen. „Wenn ich in Sprachen der Engel und Menschen redete, hätte aber die Liebe nicht, wäre ich dröhnendes Erz oder eine lärmende Pauke" (1. Kor 13, 1). Echte spirituelle Erfahrung ist an den Früchten zu erkennen. Wo die Liebe zu allen Geschöpfen wächst, wo unser Denken klar und einfach wird, wo Geduld, Mut, Tragfähigkeit und Freude immer mehr unser Leben und Tun bestimmen, da können wir davon ausgehen, dass wir uns auf dem guten Weg befinden.

14 a.a.O., S. 360

Fragen und Anregungen

Ist Dein Schutzengel eine erfahrene Wirklichkeit für Dich? Kannst Du mit Deinem Schutzengel in Beziehung treten? Wenn ja, dann hab den Mut, ihn anzusprechen. Tu es auf einfache Weise, so, wie es Dein Herz Dir eingibt.
Bitte Deinen Schutzengel, dass er Dir hilft, Beziehung zu ihm zu finden. Zeig ihm Deine Gefühle, Fragen, Probleme und auch Deine Freuden. Zeig ihm, dass Du Dich danach sehnst, in Einheit mit ihm ein Lobpreis Christi zu werden.
Bist Du Dir der schützenden, reinigenden und wandelnden Kraft des Erzengels Michael bewusst?
Rufe Michael um Hilfe in jeder Situation von körperlicher, psychischer oder geistiger Verwirrung. Bitte, dass er alle destruktiven Kräfte in und ausserhalb von Dir umwandle und zur Anbetung führe.

Gebet

Gott, aller Schöpfung heiliger Herr,
zu deines Reiches Glanz und Ehr
hast du der Engel Schar bestellt,
für hohe Dienste sie erwählt.

Sie stehen weit um deinen Thron;
du bist ihr Leben, ihre Kron.
Gewaltig ruft ihr strahlend Heer:
Wer ist wie Gott - wer ist wie er?
Stets schauen sie dein Angesicht
und freuen sich in deinem Licht.
Dein Anblick macht sie stark und rein;
dein heilger Odem hüllt sie ein.
Mit Weisheit sind sie angetan;
sie brennen, leuchten, beten an.
Ein grosses Lob ertönt im Chor:
ihr „Heilig, Heilig" steigt empor.
Du sendest sie als Boten aus:

dein Wort geht in die Welt hinaus.
Gross ist in ihnen deine Kraft;
dein Arm sind sie, der Wunder schafft.

Sie kämpfen wider Stolz und List,
sie weisen, wo kein Ausweg ist,
sie retten aus Gefahr und Not,
was schwach ist und vom Feind bedroht.

Allzeit lass Engel um uns sein;
durch sie geleite gross und klein,
bis wir mit ihnen dort im Licht
einst stehn vor deinem Angesicht.[15]

Christus in seinen Heiligen

In „Lumen Gentium", der dogmatischen Konstitution über die Kirche (2. Vatikanum), kommt deutlich zum Ausdruck, dass die katholische Tradition die irdische und die himmlische Kirche als Einheit versteht.

„Denn wie die christliche Gemeinschaft unter den Erdenpilgern uns näher zu Christus bringt, so verbindet auch die Gemeinschaft mit den Heiligen uns mit Christus, von dem als Quelle und Haupt jegliche Gnade und das Leben des Gottesvolkes ausgehen. So ziemt es sich also durchaus, diese Freunde und Miterben... zu lieben..., sie hilfesuchend anzurufen und zu ihrem Gebet, zu ihrer mächtigen Hilfe Zuflucht zu nehmen, um Wohltaten zu erflehen von Gott durch seinen Sohn Jesus Christus, der allein unser Erlöser und Retter ist"[16]. Dieser Text zeigt, dass der Kontakt mit der „Gemeinschaft der Heiligen" für uns Menschen eine ähnliche Bedeutung hat, wie

15 Katholisches Gebet- und Gesangbuch, Gotteslob, Nr. 605.
16 Lumen Gentium, Kap. VII., Nr. 51

der Kontakt mit den Engeln. So wie die Engel an der „Entfaltung" des Menschen und der Menschheit mithelfen, so ist auch die Gemeinschaft der Heiligen bestrebt, der „pilgernden Kirche" auf ihrem Weg, Leib Christi zu werden, behilflich zu sein. Dass in der Entfaltung des Menschen und über ihn der Kosmos gewandelt wird, ist ebenfalls im „Lumen gentium" angedeutet: „Die Kirche, zu der wir alle in Christus Jesus berufen werden und in der wir mit der Gnade Gottes die Heiligkeit erlangen, wird erst in der himmlischen Herrlichkeit vollendet werden, wenn die Zeit der allgemeinen Wiederherstellung kommt. Dann wird mit dem Menschengeschlecht auch die ganze Welt, die mit dem Menschen innigst verbunden ist, und durch Ihn ihrem Ziel entgegengeht, vollkommen in Christus erneuert werden".[17]

Die ganze Schöpfung geht durch den Menschen ihrem Ziel entgegen, nämlich „Gestalt des Sohnes", d.h. Leib Christi zu werden. In den Texten von „Lumen gentium" ist spürbar, dass der Mensch die Bestimmung hat, Brücke zwischen Geist und Materie zu sein.

Im Kontakt mit den Heiligen gelten die gleichen Kriterien der „Unterscheidung der Geister" wie bei den Engeln. „Wir durch IHN, ER durch uns". In Christus ist der Kontakt mit unseren verstorbenen Schwestern und Brüdern eine Quelle der Bereicherung, die Gemeinschaft der Heiligen ein Reservoir an Kraft und Inspiration. Wir sollten uns diesem Kraftreservoir öffnen und uns von ihm beschenken lassen. Dabei ist es wichtig, dass wir uns in der Wahl des Kontaktes von unserem inneren Gespür leiten lassen. So wir dies tun, werden wir spontan Kontakt und Beziehung zu jenen Männern, Frauen und Kindern finden, die in ihrem Wesen und ihrer Berufung in

17 a.a.O., Nr. 48

einer Entsprechung zu unserem Wesen und zu unserer Aufgabe stehen.
Das Wissen, dass die „himmlische Kirche", die aus Menschen aller Rassen, Nationen und Religionen besteht, darauf wartet, uns mit ihren Gütern zu segnen und uns bei der Lösung der Frage nach Sinn und Ziel, sowohl unserer Existenz wie auch der des Planeten Erde zu helfen, kann uns ermutigen, die jetzt anstehenden Schritte zu tun, trotz aller scheinbaren Auswegs- und Hoffnungslosigkeit.
Die Allerheiligenlitanei ist ein Geschenk und eine Ermutigung, uns dem Kraftreservoir der „himmlischen Kirche" zu öffnen. Lassen wir uns von diesem kraftvollen Text inspirieren.

Gebet

Herr, erbarme Dich unser.
Christus, erbarme Dich unser.
Herr, erbarme Dich unser.
Christus, höre uns.
Christus, erhöre uns.
Gott Vater vom Himmel, erbarme Dich unser
Gott Sohn, Erlöser der Welt - erbarme Dich unser
Gott Heiliger Geist - erbarme Dich unser
Heilige Dreifaltigkeit, ein einiger Gott - erbarme Dich unser
Heilige Maria, bitte für uns.
Heilige Mutter Gottes
Heilige Jungfrau über allen Jungfrauen
Heiliger Michael
Heiliger Gabriel
Heiliger Raphael
Alle heiligen Engel und Erzengel, bittet für uns.
Alle heiligen Chöre der seligen Geister
Heiliger Johannes der Täufer - bitte für uns
Heiliger Joseph
Alle heiligen Patriarchen und Propheten - bittet für uns

Heiliger Petrus - bitte für uns
Heiliger Paulus
Heiliger Andreas
Heiliger Jakobus
Heiliger Johannes
Heiliger Thomas
Heiliger Jakobus
Heiliger Philippus
Heiliger Bartholomäus
Heiliger Matthäus
Heiliger Simon
Heiliger Thaddäus
Heiliger Matthias
Heiliger Barnabas
Heiliger Lukas
Heiliger Markus
Alle heiligen Apostel und Evangelisten - bittet für uns
Alle heiligen Jünger des Herrn
Alle heiligen Unschuldigen Kinder
Heiliger Stephanus - bitte für uns
Heiliger Laurentius
Heiliger Vincentius
Heiliger Fabian und Sebastian - bittet für uns
Heiliger Johannes und Paulus
Heiliger Kosmas und Damian
Heiliger Gervasius und Protasius
Alle heiligen Märtyrer
Heiliger Silvester - bitte für uns
Heiliger Gregor
Heiliger Ambrosius
Heiliger Augustinus
Heiliger Hieronymus
Heiliger Martin
Heiliger Nikolaus

Alle heiligen Bischöfe und Bekenner - bittet für uns
Alle heiligen Lehrer der Kirche
Heiliger Antonius - bitte für uns
Heiliger Benedikt
Heiliger Bernhard
Heiliger Dominikus
Heiliger Franziskus
Alle heiligen Priester und Leviten - bittet für uns
Alle heiligen Einsiedler und Mönche
Heilige Maria Magdalena - bitte für uns
Heilige Agatha
Heilige Lucia
Heilige Agnes
Heilige Cäcilia
Heilige Katharina
Heilige Anastasia
Alle heiligen Jungfrauen und Witwen - bittet für uns
Alle Heiligen Gottes - bittet für uns.

Christus und Maria

Maria, eine faszinierende Frau! Nach christlicher Tradition hat sie alle Höhen und Tiefen des Menschseins erlebt. Sie tritt uns entgegen als Jungfrau und Gattin, als Mutter und Gefährtin des auserwählten Sohnes. Wir begegnen ihr als Schmerzensmutter, als Mutter der Menschheit, als Königin des Himmels, als „neue Eva" mit der Sonne bekleidet, dem Mond unter ihren Füssen und einem Kranz von 12 Sternen um ihr Haupt (vgl. Offb 12,1).
Mit Ausnahme von Lukas, der die Erwählung Marias zur Gottesmutter und ihre Rolle als Gefährtin des Sohnes ausführlicher beschreibt, spielt Maria bei den Evangelisten eine unbedeutende Rolle.
Im Laufe der Jahrhunderte wuchs aber mit dem tieferen

Verständnis der Christuswirklichkeit auch die Erkenntnis der Bedeutung Marias im Heilsplan Gottes. Die Kirchenväter (Ignatius von Antiochien, Irenäus von Lyon, Tertullian, Origines, Augustinus, Gregor von Nyssa, Cyrill von Alexandrien) sind alle vom Geheimnis Marias berührt und ringen um Erkenntnis und Ausdruck über Marias Platz und Aufgabe in der Heilsgeschichte[18]. Aber nicht nur Theologen und Kirchenväter befassten sich im frühen Christentum mit Maria. Es sieht so aus, als hätte die junge Christenheit spontan, aus innerer Führung heraus, Zugang zu Maria gefunden. Ein vitales Interesse an Maria muss die Menschen bewegt haben, da sie in Ephesus auf den Marktplätzen, Strassen und in den Schenken für oder gegen den Maria zugesprochenen Titel „Theotokos", Gottesgebärerin, gestritten haben[19]. Als dann im Jahre 431 das Konzil von Ephesus Maria feierlich zur Theotokos, zur Gottesgebärerin, erklärte, hat wohl das im gläubigen Volk schon vorhandene intuitive Wissen um die Bedeutung Marias ausgelöst, dass die Menschen in überschäumender Freude und Begeisterung auf Strassen und Marktplätzen tanzten.
Zwanzig Jahre später, 451, wird Maria auf dem vierten Ökumenischen Konzil der Titel „Aeiparthenos", Ewig-Jungfrau, verliehen und zweihundert Jahre später, im Jahre 649, erklärt Papst Martin I. auf dem Laterankonzil Marias immerwährende Jungfräulichkeit zu einem kirchlichen Dogma.
Am 8. Dezember 1854 teilt Papst Pius IV. auf dem Petersplatz in Rom Hunderttausenden von Menschen mit, dass in Zukunft die „Immaculata Conceptio", die unbefleckte Empfängnis der Jungfrau Maria, Glaubenssatz der katholischen Christen ist.

18 vgl. Pastoralschreiben MARIA; Dokumente der Schweizer Bischöfe, 1988, S. 35 - 42

19 Zu Folgendem vgl. Neuner-Roos, Regensburg, [9] 1975, S. 124

Schliesslich verkündet Papst Pius XII. an Allerheiligen 1950 feierlich „dass die unbefleckte, immer jungfräuliche Gottesmutter Maria nach Vollendung ihres irdischen Lebenslaufes mit Leib und Seele zur himmlischen Herrlichkeit aufgenommen worden ist"[20]. Maria Assumpta, Maria, Königin des Himmels. Damit wird dogmatisch festgelegt, was bei Millionen von Christen und Christinnen innerhalb der verschiedenen christlichen Kirchen als intuitive Erkenntnis schon lange vorhanden war, nämlich das Wissen um die besondere Stellung Marias in Gottes Heilsplan. Dieses Wissen um die Einzigartigkeit Marias innerhalb der geistigen und materiellen Schöpfung hatte sich schon lange vor der dogmatischen Verkündigung im christlichen Glaubensgut Ausdruck gesucht. So wird in der Lauretanischen Litanei Maria als Königin der geistigen und materiellen Welt, als Königin aller Schöpfung in unübertrefflicher Weise besungen:

Du Königin der Engel: Bitte für uns.
Du Königin der Patriarchen
Du Königin der Propheten
Du Königin der Apostel
Du Königin der Märtyrer
Du Königin der Bekenner
Du Königin der Jungfrauen
Du Königin aller Heiligen
Du Königin, ohne Makel der Erbsünde empfangen
Du Königin, in den Himmel aufgenommen
Du Königin des heiligen Rosenkranzes
Du Königin des Friedens.

Wie kommt es, dass Maria, das einfache Mädchen aus Nazareth, als Königin aller Schöpfung verehrt wird?

20 vgl. a.a.O., S. 334

Mythos.
Ölgemälde von Irma Bamert, Kapelle St. Katharina-Werk, Basel.

Welchen Aussagewert haben die vier Mariendogmen (Gottesgebärerin, Ewig-Jungfrau, Unbefleckte Empfängnis, Aufnahme mit Leib und Seele in den Himmel) für die heutige Zeit, welche Bedeutung für unseren konkreten Alltag?
Bevor wir diesen Fragen nachgehen, wollen wir Marias Leben, wie es aus der Heiligen Schrift, vor allem von Lukas, bekannt ist, stichwortartig festhalten.
Die Verkündigungsszene bei Lukas ist von unauslotbarer Schönheit und Tiefe.
„Im sechsten Monat wurde der Engel Gabriel von Gott in eine Stadt in Galiläa namens Nazareth zu einer Jungfrau gesandt. Sie war mit einem Mann namens Josef verlobt, der aus dem Haus David stammte. Der Name der Jungfrau war Maria. Der Engel trat bei ihr ein und sagte: Sei gegrüsst, du Begnadete, der Herr ist mit dir. Sie erschrak über die Anrede und überlegte, was dieser Gruss zu bedeuten habe. Da sagte der Engel zu ihr: Fürchte dich nicht, Maria; denn du hast bei Gott Gnade gefunden. Du wirst ein Kind empfangen, einen Sohn wirst du gebären: dem sollst du den Namen Jesus geben. Er wird gross sein und Sohn des Höchsten genannt werden. Gott, der Herr, wird ihm den Thron seines Vaters David geben. Er wird über das Haus Jakob in Ewigkeit herrschen, und seine Herrschaft wird kein Ende haben. Maria sagte zu dem Engel: Wie soll das geschehen, da ich keinen Mann erkenne? Der Engel antwortete ihr: Der Heilige Geist wird über dich kommen, und die Kraft des Höchsten wird dich überschatten. Deshalb wird auch das Kind heilig und Sohn Gottes genannt werden. Auch Elisabeth, deine Verwandte, hat noch in ihrem Alter einen Sohn empfangen; obwohl sie als unfruchtbar galt, ist sie jetzt im sechsten Monat. Denn für Gott ist nichts unmöglich. Da sagte Maria: Ich bin die Magd des Herrn; mir geschehe, wie du es gesagt hast. Danach verliess sie der Engel" (Lk 1, 26 - 38).

Dieser Text macht deutlich: Das Ja von Maria ist unerlässlich, damit Christus geboren wird. Gott macht sein Heilswirken von Menschen, ja, von einer Frau abhängig!
Lukas zeigt weiter auf, wie Maria voller Freude ihre Verwandte Elisabeth, die ebenfalls schwanger ist, besucht. Die Begegnung der Frauen hat auf beide eine starke, initiatorische Wirkung. Als Elisabeth Maria begegnet, wird sie vom Heiligen Geist erleuchtet. Sie ruft Maria zu:
„Gesegnet bist du mehr als alle Frauen, und gesegnet ist die Frucht deines Leibes" (Lk 1, 42). „Selig ist die, die geglaubt hat, dass sich erfüllt, was der Herr ihr sagen liess" (Lk 1, 45). Auch Maria wird in und durch die Begegnung mit Elisabeth innerlich erschüttert. Sie spürt das Geheimnis, das sich in ihr vollzieht, und erkennt für einen Moment die Grösse ihrer Berufung. So lautet ihre Antwort, auf die wir später zurückkommen werden:

„Meine Seele preist die Grösse des Herrn,
und mein Geist jubelt über Gott, meinen Retter.
Denn auf die Niedrigkeit seiner Magd hat er geschaut.
Siehe, von nun an preisen mich selig alle Geschlechter.
Denn der Mächtige hat Grosses an mir getan, und sein Name ist heilig.
Er erbarmt sich von Geschlecht zu Geschlecht über alle, die ihn fürchten.
Er vollbringt mit seinem Arm machtvolle Taten:
Er zerstreut, die im Herzen voll Hochmut sind;
er stürzt die Mächtigen vom Thron
und erhöht die Niedrigen.
Die Hungernden beschenkt er mit seinen Gaben
und lässt die Reichen leer ausgehen.
Er nimmt sich seines Knechtes Israel an
und denkt an sein Erbarmen,
das er unsern Vätern verheissen hat,
Abraham und seinen Nachkommen auf ewig.

Und Maria blieb etwa drei Monate bei ihr; dann kehrte sie nach Hause zurück" (Lk 1, 46 - *56)*.
Jesus wird in einem Stall zu Bethlehem, der Stadt Josefs, geboren. Maria und Josef, die auf Befehl des Kaisers Augustus nach Bethlehem ziehen, um sich eintragen zu lassen, finden keinen Platz in einer Herberge.
Zur vom Gesetz des Mose festgesetzten Zeit begeben sich Maria und Josef zur vorgeschriebenen Reinigung in den Tempel. Dort begegnen sie dem greisen Simeon, einem Weisen, dem Gott die Verheissung gab, dass er nicht sterben werde, bevor er den Messias sehen konnte. Simeon, erleuchtet vom Heiligen Geist, erkennt in Marias Sohn den heissersehnten Erlöser. Er nimmt das Kind in die Arme und preist Gott, dass die ihm gegebene Verheissung sich in Jesus erfüllt. Nun ist er bereit zu sterben: „Denn meine Augen haben das Heil gesehen, das Du vor allen Völkern bereitet hast" (Lk 2, 30 - 31). Dann segnet Simeon Maria und weissagt ihr: „Dieser ist dazu bestimmt, dass in Israel viele durch ihn zu Fall kommen und viele aufgerichtet werden, und er wird ein Zeichen sein, dem widersprochen wird. Dadurch sollen die Gedanken vieler Menschen offenbar werden. Dir selbst aber wird ein Schwert durch die Seele dringen" (Lk 2, 34f).
Schon zu Beginn seines Lebens wird Jesus bedroht durch Herodes, dem die Magier vom neugeborenen König erzählten. Maria und Josef fliehen mit dem Kind nach Aegypten.
Nach ihrer Rückkehr, als sie die Gefahr vorüber wähnen, lassen sie sich in Nazareth nieder und leben dort in Zurückgezogenheit.

Als Maria und Josef mit dem zwölfjährigen Jesus zum jährlichen Paschafest nach Jerusalem hinauf ziehen, verlieren sie ihn. Erst nach drei Tagen finden sie ihn wieder im Tempel von Jerusalem, wo Jesus den Lehrern Israels die Schrift auslegt. Maria fragt ihren Sohn: „Kind, wie konntest Du uns das antun?

Dein Vater und ich haben Dich voll Angst gesucht". Jesus antwortet: „Warum habt ihr mich gesucht, wusstet ihr nicht, dass ich in dem sein muss, was meinem Vater gehört?" (vgl. Lk 2, 47 - 50).
Nach Lukas tritt Jesus in seinem 30. Lebensjahr an die Öffentlichkeit. Wenn immer Maria in der Berichterstattung mitgenannt wird, wird deutlich, dass die körperliche Mutterschaft allein nicht die Grösse Marias ausmacht. Maria wird von ihrem Sohn zur Jüngerin geschult. Die geistige Christusgeburt in ihrem Herzen ist wesentlicher als die körperliche Mutterschaft. Folgende Begebenheiten weisen darauf hin: Als Jesus sich eines Tages in einem Haus befindet, das von der Menge, die ihn sehen will, umringt wird, wird ihm gemeldet, dass seine Mutter und seine Brüder vor dem Hause stehen und ihn sehen wollen. Jesu Reaktion ist fordernd, auf eine tiefere Einheit hinweisend: „Meine Mutter und meine Brüder sind die, die das Wort Gottes hören und danach handeln" (Lk 8, 21). Als eine fremde Frau, vom Geheimnis des Jesus von Nazareth erfasst, aus der Menge ruft: „Selig die Frau, deren Leib Dich getragen und deren Brust Dich genährt hat", lautet Jesu Antwort: „Selig sind vielmehr die, die das Wort Gottes hören und es befolgen" (vgl. Lk 11, 27f).

Maria begleitet ihren Sohn! Sie ist bei ihm, als er gekreuzigt wird, zusammen mit dem Jünger, den Jesus liebte. Unter dem Kreuz verwirklicht sich die Weissagung Simeons: „Dir wird ein Schwert durch die Seele dringen" (Lk 2, 35). Am Kreuz spricht Jesus das Wort, das Maria in ihre Aufgabe, Mutter der Menschheit zu sein, hineinführt. „Frau, siehe Deinen Sohn". Zum Jünger, den Jesus liebte, sagte er: „Siehe Deine Mutter" (vgl. Joh 19, 25 - 27).
Nach dem Tod Jesu ist Maria dabei, als sich die Jünger zum Gebet im Abendmahlssaal versammeln. Sie ist dabei, als der Heilige Geist über die Jünger ausgegossen wird. Sie gehört

zur Urgemeinde der Christen. Es wird angenommen, dass Maria in Jerusalem oder Ephesus gestorben ist.
Die Zusammenfassung der wichtigsten Stationen des Lebens Marias, wie es uns in der Heiligen Schrift dargelegt wird, zeigt, dass Maria zu Recht als die grosse Glaubende gesehen wird. Ähnlich wie Jesus durch innere Dunkelheiten hindurchgehen musste, so mag auch Marias Weg von solchen Dunkelheiten geprägt gewesen sein. Aber gerade darin erweist sie sich als Vorbild des Glaubens. Momentane innere Erleuchtung schliesst nicht aus, dass das Erkannte im Alltag, der oft genug den Verheissungen zu widersprechen scheint, bezüglich Vertrauen und Hingabe geprüft und dadurch geläutert wird. Maria hat die Prüfungen und Läuterungen, auch jene, die Jesus ihr auferlegte, angenommen. Der Frau, die unter dem Kreuz stand, drang nicht erst bei der Kreuzigung ein Schwert durch die Seele. Maria wird zu Recht als die Jüngerin Jesu gesehen, die ihm am nächsten stand und seine Botschaft und Sendung am tiefsten erfasst hat. Es überrascht daher nicht, dass sich Liebe und Verehrung zu Maria schon früh im ganzen Christentum ausbreiteten. Sie wurde Schutzpatronin vieler Länder, Städte und Kirchen. Der Rosenkranz, die Lauretanische Litanei, die Marienwallfahrten nehmen einen besonderen Platz in der christlichen Frömmigkeit ein. Ebenso die Marienfeste, Maria Namen (12. September), Maria Lichtmess (2. Februar), Maria Verkündigung (25. März), Maria Heimsuchung (2.Juli), Maria Himmelfahrt (15. August), Fest der sieben Schmerzen Marias (11. September), Fest der Unbefleckten Empfängnis (8. Dezember) gehören zu den grossen Ereignissen des Kirchenjahres.

Nach diesem Blick auf das Leben Marias fragen wir nach der Bedeutung der vier Dogmen, die ihr zur Ehre verkündet wurden. Sie sind Kristallisationspunkte, in denen gerade die heutige Menschheit Orientierung, Weisung und Hoffnung schöpfen kann. In den Mariendogmen leuchtet wiederum

Wesen und Bestimmung des Menschen auf, nämlich die Brücke und Verbindung zwischen Geist und Materie zu sein. Die schon erwähnte Aussage des 4. Laterankonzils, dass der Mensch an beiden Ordnungen der Natur, der materiellen und der geistigen, teilhabe, mehr noch, dass er, wie die Väter sagen, „beide Ordnungen umfasst", findet in den vier Mariendogmen Ausdruck. In faszinierender Weise werden in ihnen auch Erkenntnisse angedeutet, die sich in unserer heutigen Zeit zunehmend ausbreiten: Dass nicht die Überwindung und Auflösung Ziel der Evolution ist, sondern vielmehr die „Hochzeit von Geist und Materie", dass sich deshalb die Evolution im Menschen konzentriert, der ja die Verbindung von Geist und Materie ist.

Im Konzil von Ephesus wurde das **erste Mariendogma** formuliert, welches Maria den Titel Theotokos, Gottesgebärerin, zuspricht. Die wichtigste Frage dieses Konzils war: Wer ist Christus? Es ging um die Frage, ob Christus wirklich ganz Gott und ganz Mensch sei, oder ob er sich sozusagen nur einen materiellen Körper angezogen habe, gleich einem Kleid. Diese Meinung wurde von Nestorius, dem Erzbischof von Konstantinopel, der zu der theologischen Richtung von Antiochien gehörte, vertreten. Da nach seiner Ansicht sich Christus nur in einem materiellen Kleid befand, war er gegen den Titel „Gottesgebärerin". Er befürwortete den Ausdruck „Christusgebärerin".
Die Bezeichnung „Gottesgebärerin" bedeutet, dass Gott sich in seiner Menschwerdung wirklich und umfassend vom Ja Marias abhängig gemacht hat. Maria ist Prototyp, d.h. Vorbild dessen, wozu die ganze Menschheit berufen ist: Mitte zwischen Geist und Materie, Mitte zwischen Gott und Mensch zu sein. Auch Maria ist „Pontifex oppositorium", Brückenbauerin zwischen den Gegensätzen wie Christus, aber sozusagen von unten, d.h. von Seite der Schöpfung, der

Materie her, während Christus die Verbindung von oben, von Gott her, darstellt. Thomas von Aquin formuliert diese Mittlerrolle folgendermassen: „Denn es ist etwas Grosses in jedem Heiligen, wenn er soviel Gnade besitzt, dass sie ausreicht für das Heil vieler. Das Grösste aber wäre, so viel Gnade zu besitzen, dass sie ausreichte für das Heil aller Menschen auf Erden. So ist es in Christus und der seligen Jungfrau"[21].
Auch Papst Leo XIII. akzentuiert Marias Mittlerrolle: „Nicht einmal denken kann man sich jemanden, der zur Versöhnung der Menschen mit Gott gleichviel wie sie (Maria) je mitgewirkt hätte, oder mitwirken wird. Denn sie hat den Menschen... den Retter zugeführt, schon damals, als die Kunde des Frieden bringenden Geheimnisses durch den Engel zur Erde gebracht und von ihr im wunderbaren Jawort an Stelle des ganzen Menschengeschlechts aufgenommen wurde. Sie ist es, aus der Jesus geboren wurde, seine wirkliche Mutter, und deshalb würdig und überaus willkommen als Mittlerin zum Mittler"[22].

Maria Theotokos, die Mittlerin zum Mittler! Maria, die Gottesgebärerin, die mit Christus erlösend wirkt. Maria, Urbild der Kirche. Als neue Schöpfung ist sie dazu berufen, in Christus alle Menschen zum Leib Christi aufzubauen, d.h. die Auferstehungsmaterie zu gebären.
Würde das 1. Mariendogma den heutigen Menschen in diesem Kontext aufgezeigt, könnte Maria für viele zum Leitbild werden: In und durch Christus und Maria soll jene Menschwerdung in uns geschehen, die den befreiten, d.h. von der Sünde und Gespaltenheit erlösten Menschen hervorbringt. Jener Mensch, von dem es im 2. Korintherbrief heisst: „Wenn jemand in Christus ist, ist er eine neue Schöpfung: Das Alte ist vergangen, Neues ist geworden" (2. Kor 5, 17).

21 a.a.O., S. 329
22 a.a.O., S. 330

Maria, die Gottesgebärerin, ist von seiten der Schöpfung her der erste Mensch, der die Verheissung des neuen Menschen realisiert hat. Wozu sie berufen war, sind in Christus auch wir berufen.

Auch das **zweite Mariendogma** verstärkt die eben angedeuteten Aspekte. Die Jungfrauengeburt Marias wurde auf dem Konzil von 649 verkündet[23]. Heute ist das Dogma über die Jungfrauengeburt, also die Aussage, dass Maria körperlich unberührt empfangen und geboren hat und auch später Jungfrau geblieben ist, das wohl am meisten umstrittene Dogma. Dieses Dogma war mitauslösend für eine Höherstellung der zölibatär Lebenden über die Ehepaare und begünstigte eine ungute Idealisierung des sogenannten „Standes der Vollkommenheit".
Vieles, was in der Kirche an sexualfeindlichen und sexualneurotischen Elementen lebt, hat in diesem Dogma ein ideales Gefäss gefunden, um die eigene Behinderung idealistisch zu überhöhen. Das 2. Vatikanische Konzil hat Grundlagen geschaffen, dass das mangelnde Gleichgewicht zwischen Zölibatären und Ehepaaren aufgelöst werden kann (siehe Kapitel über Jungfräulichkeit, Seite 57). Hier ist jedoch nicht der Ort, die Diskussion über die körperliche Jungfräulichkeit Marias weiterzuführen. Nur soviel sei gesagt:
Der Kampf um das verletzte oder unverletzte Hymen wird der eigentlichen Bedeutung dieses Dogmas auf beiden Seiten nicht gerecht, denn beide Gruppen bleiben in der biologischen Dimension des Dogmas stecken. Ob „der Urgrund allen Weltenheils" sich der natürlichen Fortpflanzung zur Zeugung von Jesus bediente, oder ob dies nicht der Fall war, ist im letzten unwichtig. Für beide Richtungen gibt es gute und

23 a.a.O., S. 140

einsichtige Begründungen. Die körperliche Unberührtheit Marias ist durchaus auch für moderne Menschen des 21. Jahrhunderts vertretbar. Weshalb sollte die Zeugung Jesu ohne Samenspender für Gott weniger möglich sein als die anderen Veränderungen der Materie, die zum Leben Jesu gehören: Heilungen, Schreiten über das Wasser, Verklärung auf dem Tabor, Auferstehung? Veränderungen der Materie übrigens, die auch in ausserchristlichen Religionen bei Weisen, Erleuchteten und aus Gott lebenden Menschen anzutreffen sind.

Der eigentliche Sinn der Jungfräulichkeit liegt in der restlosen Hingabe an Gott, der die Mitte eines jeden Menschen ist. Echte Jungfräulichkeit bedeutet also immer das Loslassen des egozentrischen Ichs, um aus Gott in uns zu leben. In dieser Hinsicht ist Maria Vorbild als Jungfrau. So verstandene Jungfräulichkeit, das Leben aus Gott in uns, führt zu innerer Kraft, Freiheit und Stärke. Das Erwachen dieser inneren Kraft wird auch im Lukasevangelium deutlich. Kaum hat Maria ihr „Fiat" gesprochen, wird sie von innerer Kraft und Zuversicht erfüllt: „Siehe, von nun an werden mich selig preisen alle Geschlechter, denn Grosses hat an mir getan der Allmächtige..." (Lk 1, 48f).

Marias Vorausschau hat sich bewahrheitet. Sie, die reine Magd, wird sowohl zum Leitbild für Unabhängigkeit, Stärke, Freiheit und Macht wie auch zum Leitbild jener Hingabe und Demut, die fähig ist, die durch die eigene Selbstwerdung entfaltete Macht zur Macht der Liebe werden zu lassen. Zu jener Macht der Liebe, die um der Liebe willen fähig ist, Ohnmacht anzunehmen und auszuhalten. Maria, die von der „Kraft des Höchsten" befruchtete Jungfrau, deren Existenz Liebe und Hingabe ist und die zur Königin aller Schöpfung wurde, kann Leitbild für alle Frauen und Männer werden, die wie sie den Engelsgruss und die damit verbundene Botschaft annehmen als Aufforderung, das eigene „Fiat" zu sprechen.

Das Wort des Engels: „Sei gegrüsst, du Begnadete, der Herr ist mit Dir" (Lk 1, 28) geht nun an uns. In uns soll sich entfalten, was in Maria begonnen hat: Die Geburt des Christus in uns und in aller Schöpfung. Die Geburt des mystischen Leibes.

Das **dritte Mariendogma**[24] bekundet, dass Maria frei von Erbsünde empfangen wurde. Mit anderen Worten: Maria ist eine Ausnahme bezüglich der sonst in allen Menschen wirkenden Erbsünde, welche die ursprünglich gut geschaffene Natur des Menschen zwar nicht vollständig verdirbt, aber schwächt, und daher für das Böse anfällig macht. Die geschichtliche Entwicklung des Dogmas zeigt, dass es sich über Jahrhunderte entfaltet hat, bis es die jetzige Gestalt fand. Grosse Kirchenlehrer und Theologen lehnten die unbefleckte Empfängnis ab, mit der Begründung, alle Menschen, auch Maria, seien erlösungsbedürftig. Die Aussage, Maria sei ohne Erbsünde geboren, würde in der Konsequenz bedeuten, dass sie der Erlösungsgnade Christi nicht bedürftig gewesen sei. Dagegen protestierten sie, obwohl viele von ihnen glühende Verehrer Marias waren. Im 18. Jahrhundert wurde dieser Konflikt folgendermassen gelöst: Einerseits wurde festgehalten, dass Maria als Tochter eines normalen Elternpaares ohne besonderes Eingreifen Gottes gezeugt und geboren wurde und somit den Folgen der Erbsünde unterworfen war wie alle anderen Menschen auch. Andererseits konnten die Folgen der Erbsünde an Maria nicht wirksam werden, weil ihr die Erlösungsgnade, von Christus gewirkt, im voraus zuteil wurde. Damit war der Konflikt gelöst und die ‚Immaculata conceptio" wurde 1854 verkündigt.
Dieses Dogma, in dem die vorauswirkende Gnade Maria als „unbefleckten" Menschen zeigt, ist Hinweis dafür, dass im Geschöpf ein guter, unbefleckter Kern enthalten ist.

24 vgl. a.a.O., S. 328

In der Mariologie der römisch-katholischen Kirche und der östlich-orthodoxen Tradition ist die Vorstellung bewahrt, dass das Geschöpf im Kern gut ist, im Kern, in dem das geschöpfliche Sein mit dem Sein Gottes eins ist. Gnade bestätigt die wahre Heiligkeit des natürlichen Wesens, das selbst in der Schöpfungsgnade gründet. Maria, Mitarbeiterin an Christi Werk, vereinigt die Heiligkeit des geschöpflichen Seins mit der des göttlichen Seins. Im Dogma von der unbefleckten Empfängnis ist Maria die „reine Natur", stellvertretend für die Fähigkeit geschöpflicher Wesen, die Heiligkeit des Göttlichen zu tragen[25].
So kann auch das Dogma von der unbefleckten Empfängnis Marias für die suchenden Menschen von heute zum Zeichen der Hoffnung werden. Hoffnung, durch Christus zum „neuen Menschen" zu werden, der fähig ist, einen neuen Umgang mit sich selber, der Schöpfung und Gott zu leben.

Das **vierte Mariendogma** bekräftigt die schon seit den ersten Jahrhunderten in vielen Christinnen und Christen lebende Überzeugung, dass Maria mit Leib und Seele in den Himmel aufgenommen wurde. „...es ist eine von Gott geoffenbarte Glaubenswahrheit, dass die unbefleckte, immer jungfräuliche Gottesmutter Maria nach Vollendung ihres irdischen Lebenslaufes mit Leib und Seele zur himmlischen Herrlichkeit aufgenommen worden ist."[26]

Wie schon erwähnt, sind die Mariendogmen Kristallisationspunkte, in denen vorbildhaft Wesen und Berufung aller Menschen aufleuchten. Die Verkündigung, dass Maria mit Leib und Seele in den Himmel aufgenommen wurde, besagt,

25 vgl. R. Radfort Ruether: „Maria, Kirche in weiblicher Gestalt", München 1988, S. 69 - 72
26 a.a.O., S. 334

dass Maria der erste Mensch ausser Christus ist, der Anteil an der Auferstehung des Leibes hat. Diese Aussage ist von Bedeutung. Maria wird als Vorbild für etwas gezeigt, wozu wir alle berufen sind. Sie zieht stellvertretend für die ganze Menschheit die Auferstehungsmaterie, die Lichtmaterie, an. Maria Assumpta könnte daher für unseren Umgang mit der Materie, der Schöpfung und mit unserer Leiblichkeit Vorbild und Wegweisung sein. Die Auferstehung Christi und die Auferstehung Marias zeigen, dass in der christlichen Tradition die Materie berufen ist, ins trinitarische Geheimnis aufgenommen zu werden. Die für immer eingegangene Verbindung von „oben", also von seiten des gestalt- und formloser Urgrundes mit der Materie ist schon wirkmächtig in Christus. Die für immer eingegangene Verbindung von „unten", also von seiten der Materie, mit dem gestalt- und formlosen Urgrund in Christus ist schon wirkmächtig in Maria Assumpta, der Frau, die von seiten der Schöpfung Anteil hat am „Erstgeborenen der Toten". Maria Assumpta kann für uns Hilfe und Weisung sein, die heute so dringenden Probleme bezüglich Frieden, Gerechtigkeit und Bewahrung der Schöpfung zu lösen.

Im letzten vermochten weder Reformation noch Aufklärung noch Entmythologisierung die Anerkennung Marias zu schmälern. Im Gegenteil: Gerade kritische Stimmen von seiten protestantischer Christen und Christinnen haben dazu beigetragen, dass eine übersteigerte oder verkitschte Marienverehrung zugunsten einer neuen Auseinandersetzung mit der Bedeutung Marias in unserer Zeit stattgefunden hat. Dass Maria seit den letzten Jahren bei den feministisch orientierten, protestantischen Frauen zunehmend attraktiver wird, ist besonders faszinierend. Maria hält den kritischen Anfragen der Feministinnen, die selbstbewusst ihre eigene Identität vertreten, stand. Mehr noch: Maria wird den Frauen, die um ihre Identität ringen und um ihre Rechte kämpfen, zur Freundin und zum Vorbild. Christa Mulacks Buch „Maria, die geheime

Göttin im Christentum" beginnt treffend mit folgendem Zwiegespräch:

„Maria, verzeih,
ich habe dich immer belächelt.

Das hatten mich die Väter gelehrt.

Maria, verzeih,
ich habe deine Anhängerinnen für naiv gehalten.

Das hatten mich die Väter gelehrt.

Maria, verzeih,
ich sah in dir nur Wachs und Gips.

Das hatten mich die Väter gelehrt.

Maria, verzeih,
du warst für mich nur finsteres Heidentum

denn davor haben die Väter Angst.

Heute weiss ich, dass du die nicht bist,
die mich die Väter gelehrt hatten.

Heute bist du mir wert,
das hat mich mein Frausein gelehrt.

Heute teilst Du mein Gebet,
das hat mich mein Frausein gelehrt.

Heute weiss ich dich in mir,
das hat mich mein Frausein gelehrt.

Heute teilst du meine Liebe -
eine Liebe von Frau zu Frau." [27]

27 Mulack Christa, Maria - Die geheime Göttin im Christentum, Kreuz Verlag, Stuttgart 1985, Seite 1.

Dieser Text, er steht für viele ähnliche Texte, macht deutlich, dass sich Maria heute Frauen neu erschliesst, und dass sie gerade durch Frauen neue Bedeutung bekommt. Jene einseitige Verehrung, welche Maria zur Königin aller Schöpfung erhoben hat, während gleichzeitig die reale Frau weitgehend ihrer Rechte und Würde beraubt wurde, wird durch Frauen verändert. Maria, früher für viele Frauen ein Symbol der Unterdrückung weiblicher Bedürfnisse, wird vor allem durch die Neuentdeckung des Magnificat zum Symbol der Befreiung. Und dies nicht nur als „unsere liebe Frau von Guadalupe", die den Armen und Unterdrückten Hoffnung schenkt und die Befreiungstheologie inspiriert. Maria wird zum Symbol der Befreiung für Frauen überhaupt, auf dem Weg ihres Suchens nach einem neuen Selbstverständnis, welches dazu beiträgt, die Unterdrückung des Weiblichen zu überwinden und der Welt die so nötigen, weiblichen Kräfte zugänglich zu machen. Es erscheint wie ein Schabernack der Geschichte, dass die männlichen Vertreter der Amtskirche und die Frauen, die um ihre Rechte und ihre Identität kämpfen, sich in der Liebe zu Maria begegnen. Ob sich diese Begegnung heilend und erneuernd im Kampf der Geschlechter auswirken wird?
Wo Frauen ihre Selbstfindung in der Schule Marias suchen, brauchen die Vertreter der Amtskirche keine Angst vor ihnen zu haben. Veränderungen, von Frauen bewirkt, die von Maria inspiriert sind, braucht unser Planet und die ganze Menschheit heute ebenso notwendig, wie jene Prozesse, die durch die Auseinandersetzung der Kirchenväter mit Maria ermöglicht wurden. Denn dass sich auch über die „Väter" die Erkenntnis von Wesen, Stellung und Aufgabe Marias im Heilsplan Gottes in wunderbarer Weise entfaltet hat, kann von keinem Menschen ernsthaft bezweifelt werden, der die Mariendogmen anschaut.

Maria ist die Königin des Friedens!
Im Gebet, das Gertrud von le Fort nach dem 2. Weltkrieg geschrieben hat, soll zusammengefasst werden, was in den Mariendogmen punktuell aufleuchtet:

„Lasset uns beten für den Frieden unserer Erde,
denn der Friede der Erde ist todkrank.
Hilf ihm, süsse Jungfrau Maria,
hilf uns sprechen:
Friede sei dem Frieden unserer armen Welt.
Die du vom Geist des Friedens gegrüsst wurdest,
erbitte uns den Frieden.
Die du das Wort des Friedens in dich aufnahmst,
erbitte uns den Frieden.
Die du das Heilige Kind des Friedens zur Welt geboren hast,
erbitte uns den Frieden.
Du Helferin des Allversöhners,
du Willige des Allverzeihers,
du Hingegebene an sein ewiges Erbarmen,
erbitte uns den Frieden.
Du milder Mond in den wilden Nächten der Völker,
wir begehren den Frieden.
Du sanfte Taube unter den Geiern der Völker,
wir ersehnen den Frieden.
Du spriessender Ölzweig in den dürren Wäldern ihrer Herzen,
wir verzehren uns nach Frieden.
Dass die Gefangenen endlich erlöst werden,
dass die Vertriebenen endlich ihre Heimat finden,
dass sich alle Wunden endlich, endlich wieder schliessen,
erbitte uns den Frieden.
Um der Lieblichkeit der Erde willen,
erbitte uns den Frieden.
Um der unversehrten Majestät der Meere willen,
erbitte uns den Frieden.

Um der reinen Hoheit der Gebirge willen,
erbitte uns, erbitte uns den Frieden.
Du Geliebte unseres Schöpfers,
Du Gebenedeite seiner Schöpfung,
Du Vertreterin seiner Schöpfung,
erbitte uns den Frieden.
Um der Angst der Kreaturen willen,
wir bitten dich um den Frieden.
Um der kleinen Kinder willen,
die in ihren Wiegen schlafen;
wir bitten dich um den Frieden.
Um der Greise willen,
die so gern in ihren Betten stürben,
wir bitten Dich um den Frieden.
Du Mutter der Schutzlosen,
Du Feindin der Herzlosen,
Du klarer Stern in allen Wolken der Verwirrung.
wir bitten Dich um den Frieden.
Die du bei den Sterbenden warst,
als ihr Blut das Schlachtfeld tränkte,
erbarme dich des Friedens.
Die du zu uns in die Keller stiegst,
als die grausen Bomben fielen,
erbarme dich des Friedens.
Die du dich der armen Frauen annahmst,
die geschändet wurden,
erbarme, o erbarme dich des Friedens.
Du Mutter, die mit uns geweint hat,
Du Mutter, die mit uns gebebt hat,
Du Mutter, die mit ihren Kindern trostlos war,
erbarme dich des Friedens.
Mutter, Mutter, Schmerzensreichste aller Kreaturen,
nimm in deine Arme die verlorene Welt.
Es ist ein Grauen um uns wie noch nie gewesen,

es ist, als sännen tausend Finsternisse Blut und Mord.
Mutter, Mutter,
unser Friede ist ja schon gestorben.
Es gibt nur noch den Frieden in den Himmeln.
Die du bei uns bleibst - auch wenn sie dich verstossen,
Die du liebreich bleibst - auch wenn sie dich verachten,
Die du mächtig bleibst - auch wenn dein zarter Thron auf Erden bricht,
bitte um die Auferstehung unseres Friedens."[28]

28 Gertrud von le Fort, Hymnen an die Kirche, Ehrenwirth Verlag, Leipzig, S.66 ff.

Dienst an der Versöhnung für das Wachstum von Einheit und Liebe in der Welt

Wir haben in den vorhergehenden Kapiteln versucht, die Situation der heutigen Welt und Menschheit im Lichte der christlichen Offenbarung zu deuten. Dabei entdeckten wir, dass sie mehr denn je der Heilung und Heiligung bedürfen. Heilung ist nur möglich, wenn Gegensätze versöhnt werden. Das Entwickeln von Versöhnungskräften in uns und um uns herum will aber gelernt und eingeübt sein.
Was ist mit Versöhnung gemeint? Wonach können wir uns als Christen ausrichten, wenn wir Versöhnung erlernen wollen? Im 2. Korintherbrief finden wir eine Antwort auf diese Frage. Es heisst dort: „Wenn also jemand in Christus ist, dann ist er eine neue Schöpfung: das Alte ist vergangen, Neues ist geworden. Aber das alles kommt von Gott, der uns durch Christus mit sich versöhnt und uns den Dienst der Versöhnung aufgetragen hat" (2. Kor 5, 17-18).
Wie ist Christen der „Dienst an der Versöhnung" aufgetragen? Wir versuchen, in drei Schritten eine Antwort auf diese Frage zu finden.
In einem ersten Schritt setzen wir uns mit der Gestalt dieser Welt auseinander und erspüren, wie sich die Menschheit selber versteht.
In einem zweiten Schritt wollen wir erspüren, wie in dem sich von Stufe zu Stufe entwickelnden Selbstverständnis der Menschheit die Christuswirklichkeit neu aufleuchtet.
In einem dritten Schritt sollen Wege aufgezeigt werden, die uns helfen können, die Versöhnungskräfte in uns zu aktivieren.

1. Das Selbstverständnis der Menschheit zu Beginn des dritten Jahrtausends

Eine der wichtigsten Erfahrungen, die uns in allen Lebensbereichen einholt, ist die Erkenntnis der Verwiesenheit und Abhängigkeit, sowohl aller Menschen untereinander, wie auch aller Menschen vom Planeten Erde. Die Einheit von allem mit allem ist die Grunderfahrung, die das Selbstverständnis der heutigen Menschheit zunehmend prägt. Führende Wissenschaftler dieser Zeit zeigen uns zudem auf, dass die Erde sich verhält wie ein lebendiger Organismus, der dabei ist, in eine neue Phase seiner Entwicklung einzutreten, und zwar nach dem gleichen Gesetz, nach dem sich seine Entwicklung bis anhin vollzog: nach dem Gesetz der „integrierenden Vereinigung". Die Erde entwickelte sich in allen Phasen ihrer Geschichte über je neue Vereinigungen: Elementarteilchen ziehen sich an, Atome verbinden sich, Zellen werden zum Zellverband, und Menschen werden zur Menschheit. Jede neue Vereinigung bedeutet eine komplexere Anordnung der Materie, eine „neue Gestalt" und ein Mehr an „Verinnerlichung", d.h. ein Mehr an Bewusstsein. Die Bereitschaft zur Synthese und Integration ist die treibende Kraft jeder Entwicklung.

In der Kosmogenese (Entstehung der Welt) ist ein elementares Bewusstsein am Werk. Die Atome „wissen", wie sie sich vereinigen und anordnen müssen. In der Biogenese (Entstehung der Pflanzen und Tiere) ist das vitale Bewusstsein wirksam. Die Pflanzen „wissen", wie sie sich ernähren und fortpflanzen müssen, usw. In der Anthropogenese ist das selbstreflektierende Bewusstsein aufgebrochen und im Menschen wirksam. In allen Phasen der Evolution wirkt das gleiche Gesetz: durch Vereinigung Teil eines Grösseren zu werden. Dieses evolutive Gesetz wirkt auch heute weiter im Menschen. Allerdings weniger im physischen, als vielmehr im psychisch-

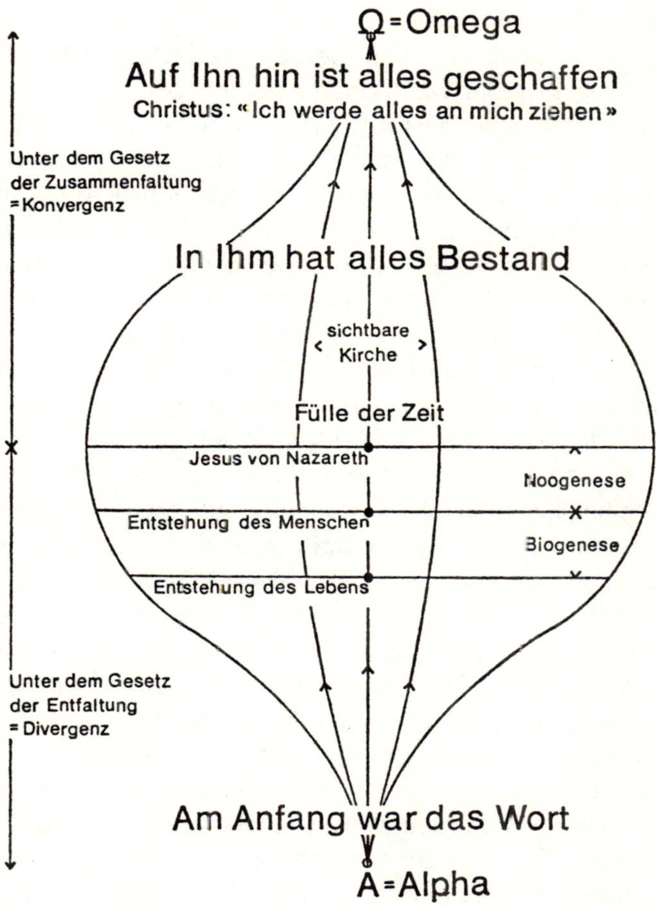

Evolution.
Eberhard von Gemmingen in "Gott in der Welt entdecken", rex verlag 1968.

geistigen Bereich. Durch neue Vereinigungen entfalten sich die in den Menschen noch brachliegenden Personalisations- und Sozialisationsreserven.

Das evolutive Prinzip der integrierenden Vereinigung trat wohl noch in keinem Moment der Menschheitsgeschichte so deutlich in Erscheinung, wie gerade zu Beginn des dritten Jahrtausends. Die wachsende Personalisation zeigt sich in einem nicht mehr unterdrückbaren Bedürfnis nach Selbstbestimmung und Verantwortung sowie nach Selbstkompetenz, d.h. im Anspruch, die in uns angelegten Kräfte zu entfalten. Die wachsende Sozialisation vollzieht sich in diesen Tagen vor unser aller Augen. Die Frage, ob wir als Menschheit überleben werden, treibt uns zusammen und zwar auch in jenen Bereichen, in denen wir uns ohne diesen Druck wahrscheinlich noch weiterhin ausweichen würden. Die meisten Nationen beginnen zu spüren, dass es uns gelingen muss, das friedliche und kooperative Zusammenleben der Rassen, Nationen und Kulturen zu gewährleisten. Unsere Bemühungen um Einheit, Frieden und Versöhnung sind zwar noch vielfach eher von Angst (vor dem globalen Tod) als von Liebe gespeist. Dennoch ist noch zu keinem Zeitpunkt der Geschichte das Bewusstsein, dass Friede lebensnotwendig ist, in so vielen Menschen durchgebrochen wie heute. Das Bewusstsein, dass es heute nicht mehr darum geht, für „Gott und Vaterland" zu leben, sondern für Gott, den Planeten Erde und das Universum, erwacht überall. Nach dem Peking-Menschen, dem Neandertaler und dem Homo Sapiens sind wir Zeugen am Entstehen des Menschen mit globalem Bewusstsein. Die Menschen werden zur Menschheit! Die eben angedeutete integrierende Vereinigung der Menschen ist aber nur auf dem Weg der echten Versöhnung tragfähig. Nur da sind Vereinigungen von Völkern und Rassen stabilisierend für die Entwicklung des Organismus Menschheit, wo diese Zusammenschlüsse im Geiste echter Freiheit und Versöhnung stattfinden. Nur da können Neugestaltung und Entwicklung auf die eine Menschheit hin geschehen, wo Individuen, Nationen und Rassen erkennen, dass kein Volk mehr Rechte auf diesem Planeten hat als ein anderes. Dieser Planet gehört allen. In dieses Bewusstsein hineinzuwachsen, verlangt das Loslassen aller egozentrischen, nationalistischen und rassistischen Machtanspüche zugunsten eines Zusammenlebens, das vom Willen zu je neuer Vereinigung und Versöhnung geprägt ist. Die hier angedeutete Antwort auf die Frage nach dem sich herausbildenden Selbstverständnis der heutigen Menschheit ist in der Ausdrucksweise gehalten, wie sie uns täglich in den Medien begegnet. Es ist eine säkulare Sichtweise und Sprache, d.h. es ist Sichtweise und Sprache der Welt. Als Christen und Christinnen sind wir mit dieser Sprache vertraut. Es ist eine Sprache, die uns überall begegnet und die wir auch selber sprechen. Dies ist wichtig. Dabei stehen bleiben dürfen wir aber nicht. Es ist unsere Aufgabe, einen zweiten Schritt zu tun und zu erspüren, wie in dem von Stufe zu Stufe sich entwikkelnden Selbstverständnis der Menschheit die Christuswirklichkeit zum Ausdruck kommt und neue Gestalt annimmt. Erspüren ist mehr als das Erteilen rezepthafter Antworten. Es bedeutet, mit allen Sinnen sowohl nach innen wie auch nach aussen zu lauschen und sich im Erkennen, wie auch im Tun, vom Geist Christi leiten zu lassen. So wir dies tun, erschliessen sich uns im neuen Selbstverständnis der Menschheit auch die Geheimnisse der Heilsgeschichte in neuen Dimensionen.

Übung

Vorbereitung wie bei Übung auf Seite 18f.
Visualisierung
Visualisiere die Menschheit als kraftvollen, friedlichen, kreativen Organismus

Gebet
Segne den Menschheitsleib mit dem grossen Kreuzzeichen:
Im Namen des Vaters, der Dich in unendlicher Liebe erschaffen hat.
Im Namen des Sohnes, der Dich in unendlicher Liebe erlöst hat.
Im Namen der Heiligen Geistin, die Dich in unendlicher Liebe heiligen und verherrlichen will.

2. Der wachsende Sinn für die Christuswirklichkeit[29]

Wenn wir versuchen, im Wachsen der Gestalt dieser Welt das Wachsen des Leibes Christi zu erspüren, dann erkennen wir, dass mit der Transformation vom mentalen, d.h. vorwiegend analytisch-rationalen und dualistischen Bewusstsein, zum integralen, d.h. ganzheitlichen Bewusstsein, auch die Christuswirklichkeit neu aufleuchtet. Die Gnade baut bekanntlich auf der Natur auf. Deshalb erfahren wir Gott normalerweise im Horizont der in uns vorherrschenden Bewusstseinsdimension. Da der global-kosmische Sinn bis jetzt nur wenig entfaltet war, geschah unser Sprechen über Gott vorwiegend in Termini familiärer, sozialer und juridischer oder herrschaftlicher Beziehungen: Wir sprachen von Gott als Herr, König, Vater, Bruder oder Freund. Diese Analogien sind zwar zutreffend, aber unvollständig, und sie befriedigen viele Christen heute nicht mehr.

Der global-kosmische Sinn erwacht heute in der ganzen Menschheit. Dies ist der Grund, weshalb viele Menschen, auch Christen, in östlichen Religionen neue Heimat suchen.

29 Die nachfolgenden Ausführungen sind angeregt durch Teilhard de Chardin: Einige allgemeine Ansichten über das Wesen des Christentums, in: Mein Glaube, S. 159 - 164, Olten 1974.

Teilhard de Chardin

Andererseits gibt es viele Christen, in denen sich die Christuserfahrung ausweitet. Sie bekommen neuen Zugang zum kosmischen Christus und zum wachsenden, sich ausdehnenden Leib Christi. Aussagen in der Schrift, über die früher hinweggelesen wurde, weil sie zu abstrakt erschienen, beginnen sich plötzlich von innen her zu erschliessen. So etwa die Stelle im Hebräerbrief, wo es heisst, Gott habe den Sohn zum Erben des Alls eingesetzt, dieser Sohn habe die Welt erschaffen und trage das All durch sein machtvolles Wort (vgl. Hebr 1, 1-3).

Mit dem Erwachen des global-kosmischen Sinnes wird der Menschheit die Dimension des kosmischen Christus umfassender verständlich. Damit beginnt die Menschheit als wachsender Leib Christi den im Universum wirkenden Universalen Christus zu erkennen, anzubeten und zu lieben. Durch die Entstehung des global-kosmischen Sinnes werden die Grösse Christi und sein machtvoller Einfluss in allen Ebenen der Wirklichkeit transparenter. Wir erkennen darüber hinaus mit neuen Augen die zentralen Heilsgeheimnisse des Handelns Gottes: Schöpfung, Inkarnation, Kreuz und Erlösung. Diese Heilsgeheimnisse erschliessen sich uns als Grunddimensionen des Universums, das auf dem Weg ist, sich in Christus zu personalisieren, sein Leib zu werden. Und mit tiefer Ergriffenheit stellen wir fest, dass sich diese zentralen Dimensionen der Heilsgeschichte nicht nur in geschichtlichen Ereignissen konkretisieren (Erschaffung der Welt und des Menschen, Geburt Jesu Christi, Tod und Auferstehung), sondern dass sie sich als die umfassende Wirkweise des Universalen Christus herausstellen.

Christus und Schöpfung

Erinnern wir uns: Elementarteilchen ziehen sich an, Atome gehen Verbindungen ein und werden zu Molekülen, Zellen werden zum Zellverband und Menschen werden zur Menschheit. Schöpfung ist Vereinigung! Es ist die im kosmischen Christus wirkende Geistin Gottes, welche die je neuen Vereinigungen, von der Entstehung der Materie, über die Entstehung des Lebens, bis zur Entstehung des Menschen, und nun die Entwicklung des Menschen zur Menschheit bewirkt und vorantreibt.

Schöpfung beginnt nicht mit der Erschaffung des Menschen und hört damit nicht auf. In jeder neuen Vereinigung auf materieller, psychischer und geistiger Ebene wird sichtbar, dass Schöpfung ein Grundmuster des universalen Christus im Universum ist. Das Universum ist ein gewaltiges Unternehmen. Es ist ein schöpferischer Prozess von Milliarden von Jahren.

Fragen:
Bist Du Dir bewusst, dass Du im Schöpfungsprozess des Universums wichtig bist?
Bist Du Dir bewusst, dass das Universum für seine weitere Entwicklung auf Deine Kreativität, Deine Intelligenz, Deine Liebe, Dein „Ja" zu neuen Vereinigungen angewiesen ist?
Bist Du Dir bewusst, dass durch Dein Leben die Entwicklung des Universums mitbestimmt wird?
Bist Du Dir bewusst, dass der kosmische Christus Dich ruft, an seinem Schöpfungswerk mitzuarbeiten?
Bist Du bereit, diese Aufgabe anzunehmen?

Christus und Inkarnation

In jeder neuen Stufe der Entwicklung, die durch Vereinigung und Integration der Elemente stattfindet, „inkarniert" sich der kosmische Christus tiefer in seiner Schöpfung. Die langen

Zeiträume vor seiner Geburt in Bethlehem sind nicht leer von Christus. Vielmehr ist das ganze Wachsen des Schöpfungsleibes von seinem machtvollen Wirken durchdrungen. In jeder neuen Gestalt, die im Universum entsteht, wird das Wort „Fleisch", „inkarniert" sich der kosmische Christus.
Die Inkarnation des kosmischen Christus in die Materie kulminiert im geschichtlichen Christus. In Jesus von Nazareth wird die Inkarnation Gottes in diese Welt offenbar und erreicht gleichzeitig einen Höhepunkt. In und durch Jesus von Nazareth wird die Inkarnation Gottes, die ein Grundmuster des Christus im Universum ist, sichtbar.

Übung

Lass Dich berühren vom gigantischen Wachstums- und Entwicklungsprozess, der sich auf unserem Planeten während Jahrmillionen vollzogen hat. Stell Dir das Wachsen der Welt über je neue Vereinigungen vor.
Lass dann den Beginn des Hymnus aus dem Kolosserbrief auf Dich wirken:
"Er (Christus) ist das Ebenbild des unsichtbaren Gottes, der Erstgeborene der ganzen Schöpfung.
Denn in ihm wurde alles erschaffen, im Himmel und auf Erden, das Sichtbare und das Unsichtbare ... alles ist durch Ihn und auf Ihn hin geschaffen. Er ist vor aller Schöpfung, in ihm hat alles Bestand" (Kol 1, 15-17). Lass Dank und Lobpreis in Dir zu.

Christus und Erlösung

Die im Menschen kulminierende Freiheit, ja zu sagen zu seiner Wesensbestimmung, nämlich Abbild des Dreieinen zu sein, oder diese Bestimmung zu verneinen, scheint schon in den Elementen in gewisser, analoger Weise wirksam zu sein. Die Einswerdung vollzieht sich sowohl in der Materie wie auch im

Menschen „tastend" und über viele Umwege und Fehlversuche. Jede „gelungene" neue Einswerdung, die eine komplexere Gestalt und daher mehr Bewusstsein hervorbringt, ist im kosmischen Christus erlöst von einem Zustand der Ungeeintheit und Ungeordnetheit.

Die in und durch den historischen Christus gewirkte Erlösung der Welt von aller Spaltung und Sünde ist der Höhepunkt und ein Sichtbar-werden-Lassen des Wirkens des Universalen Christus, der in seiner kosmischen Dimension in jedem geeinten Seinszustand erlösend wirkt. In Schöpfung, Inkarnation und Erlösung, den zentralen Wirkweisen des Universalen Christus, ist die Heilskraft des Kreuzes immer schon wirksam.

„Wir dagegen verkündigen Christus als den Gekreuzigten: für Juden ein empörendes Ärgernis, für Heiden eine Torheit, für die Berufenen aber, Juden wie Griechen, Christus, Gottes Kraft und Gottes Weisheit" (1. Kor 1, 23-25). Das Christentum ist aus der Weisheit und Kraft des Kreuzes geboren! Es kann sich nur weiter entfalten, wenn es sich immer stärker mit dem Wesen des Kreuzes identifiziert, wobei das Kreuz der Sühne und Wiedergutmachung ausgeweitet wird zum Kreuz der Vereinigung und des Wachstums, das in jeder Geste von mehr Vereinigung und Versöhnung erlösend wirkt. Das Kreuz ist die Nahtstelle, an der sich jede echte Transformation vollzieht. Alles Wachstum, jede Erneuerung geschieht im Zeichen des Kreuzes, denn jede echte Vereinigung bedeutet, durch den Schmerz des Loslassens und Sterbens hindurchzugehen, um in grösserer Fülle und neuer Integration Auferstehung zu erfahren. Der Universale Christus trägt nicht nur die Sünden der ganzen Menschheit, sondern auch die Last und das Leid einer sich in Entwicklung zum Organismus befindlichen Welt.
In dieser Perspektive bekommt die Forderung Christi: „Wer mein Jünger sein will, der verleugne sich selbst, nehme täglich

sein Kreuz auf sich und folge mir nach" (Lk 9, 23), eine neue Dimension und Dringlichkeit. Jede ehrliche Anstrengung um Entfaltung der Kräfte unseres Herzens und des Geistes, jede Geste, die Versöhnung und Freiheit fördert, ist Teilhabe am Kreuz des Universalen Christus. Wo immer wir uns einsetzen für die leidende Menschheit gegen Hunger, Krieg, Folter, Missachtung der Menschenrechte und für mehr Menschenwürde, da tragen wir das Kreuz des Universalen Christus mit, nehmen teil an seiner Nachfolge.

Wenn wir uns auf das Kreuz des Universalen Christus einlassen, erschliesst sich uns auch die Liebe Gottes noch einmal neu im Blick auf das Mysterium des Bösen. Mit tiefem Erschrecken erahnen wir, was im Korintherbrief gemeint ist, wenn gesagt wird, dass Gott Christus „für uns zur Sünde gemacht hat" (2. Kor 5, 21). Wir erkennen, dass das Kreuz Christi nicht nur in den Opfern, sondern auch in den Tätern gegenwärtig ist. In jedem Folterknecht und Terrorist wird die in jedem Geschöpf wesende göttliche Kraft pervertiert. Überall, wo der im Menschen angelegte Drang nach Wachstum und Entfaltung nicht in der Weisheit des Kreuzes entfaltet wird, wird unsere Teilnahme an Gottes Schöpfungsauftrag zur Perversion. Wo immer dies geschieht, sei es im Missbrauch der uns gegebenen Schöpferkraft gegen uns selbst, gegen unsere Mitmenschen oder gegen die Schöpfung, wird der Universale Christus gekreuzigt. Durch die uns gegebene Freiheit ist es möglich, die uns in Christus gegebene Kraft gegen ihn selbst zu gebrauchen und uns so zu verhalten, als ob Christus mitwirkte am Übel. Was dieser Missbrauch für Folgen hat, wird uns im 1. Korintherbrief gezeigt: „Wisst ihr nicht, dass ihr Gottes Tempel seid und der Geist Gottes in euch wohnt? Wer den Tempel Gottes verdirbt, den wird Gott verderben. Denn Gottes Tempel ist heilig, und der seid ihr" (1. Kor 3, 16-17). „Wisst ihr nicht, dass eure Leiber Glieder Christi sind? Darf ich nun die Glieder Christi nehmen und zu

Gliedern einer Dirne machen? Auf keinen Fall!" (1. Kor 6, 15). „Oder wisst ihr nicht, dass euer Leib ein Tempel des Heiligen Geistes ist, der in euch wohnt und den ihr von Gott habt? Ihr gehört nicht euch selbst; denn um einen teuren Preis seid ihr erkauft worden" (1. Kor 6, 19-20). Daher „stellt eure Glieder nicht der Sünde zur Verfügung als Waffen der Ungerechtigkeit, stellt eure Glieder als Waffen der Gerechtigkeit in den Dienst Gottes" (Röm 6, 13).

Die Tatsache, dass sowohl Opfer wie Täter Glieder am Leib Christi sind, und dass in jedem Menschen potentiell Kain und Abel vorhanden sind, bekommt im Lichte des Gekreuzigten, der selber zur Sünde geworden ist und so in seiner Person die Feindschaft getötet hat, eine unauslotbare Dimension der Hoffnung. Alles, auch das Dunkelste in dieser Welt, ist im Kreuz Christi erlöst. Der Universale Christus wartet darauf, dass wir die Gnade seiner Erlösung annehmen und uns wandeln lassen in den neuen Menschen, der berufen ist, Leib Christi zu sein.

Übung

Lass jene Umstände in Deinem Leben, die Dich momentan am meisten quälen, in Dein Bewusstsein treten.
Versuche, die Dich quälenden Gegebenheiten in Dir und um Dich als „Kreuz des Wachstums" anzusehen.
Stelle Dich in die Mitte Deines Zimmers. Bringe Deinen Körper in die Form des Kreuzes, indem Du die Füsse nahe nebeneinander stellst und die Arme, mit nach oben gerichteten Handflächen, ganz ausbreitest.
Lass die Verheissung der Karfreitagsliturgie: Im Kreuz ist Heil, Deine Not und Dein Leiden umfangen.
Lass Dich in der Heilskraft des Kreuzes Christi heilen und wandeln.

3. Dienst an der Versöhnung für das Wachstum von Einheit und Liebe in der Welt

Wir haben das Selbstverständnis der heutigen Menschheit zu erspüren versucht und gesehen, dass in ihr das Verständnis der Christuswirklichkeit wächst und neue Gestalt annimmt. Nun wollen wir möglichst konkret erspüren, wie wir als Zellen, die vom Geist Christi erfüllt sind, den Dienst an der Versöhnung lernen können.
Bevor wir Versöhnung verkündigen, d.h. anderen Menschen helfen, ihre Kräfte der Versöhnung zu wecken, müssen Versöhnungskräfte in uns selber freigesetzt werden. Etwas von jenen Qualitäten, welche den neuen Menschen ausmachen und Früchte des Geistes sind (Liebe, Freude, Friede, Güte, Sanftmut, Selbstbeherrschung, vgl. Gal 5, 22f), muss zur Grundstimmung unseres Lebens geworden sein, um den Dienst an der Versöhnung leben zu können.
Echte Versöhnung ist weder mit Unterdrücken oder Verdrängen von Dunkelheiten noch mit oberflächlicher Harmonisierung zu verwechseln. Nur da, wo das Dunkle in uns und um uns herum zugelassen wird, kann es in Licht transformiert werden. Aufdecken, was unversöhnt und unheil ist, gehört daher immer zum ersten Schritt, um Versöhnung zu leben.

Versöhnung mit mir selber

Zur Versöhnung mit mir selber gehört die Akzeptanz meines Gewordenseins und meiner Geschichte. Dazu gehört auch die Bereitschaft, die in mir angelegten Kräfte und Talente zu entfalten und mich daran zu freuen. Dies ist nur möglich, wenn ich mich immer stärker übe in der „Askese der Entfaltung", das heisst, wenn ich fähig und bereit bin, jene Selbstdisziplin von mir zu verlangen, die zur Entfaltung meiner Kräfte und Talente unerlässlich ist.

Übung

Ich suche in mir die früheste Erinnerung an mich selbst.
Wie sah ich als Kleinkind aus? Wie fühlte ich mich als Kleinkind?
Ich suche mich in meiner Erinnerung als zehnjähriges Kind. Wie sah ich damals aus? Wie fühlte ich mich?
Ich gehe im Zehnjahres-Rhythmus durch mein Leben, bis zu meinem jetzigen Alter. Wie sehe ich jetzt aus? Wie fühle ich mich?
Ich versuche, einen „roten Faden" in meiner Geschichte zu entdecken. Welche Ereignisse und „Muster" wiederholen sich in meinem Leben?
Ich bitte Christus, mir Versöhnung mit meinem Gewordensein und meiner Geschichte zu schenken.
Ich bin bereit, die schwierigen Muster meines Lebens als mir gegebene Entwicklungschance anzunehmen.
Ich bin bereit, mich als einmaligen Ausdruck des Universums ernst zu nehmen und die in mir angelegten Talente und Kräfte zu entfalten.
Ich bin bereit, Liebe und Freude in meinem Leben zuzulassen und weiterzuschenken.

Versöhnung mit meiner Familie

Solange ich abgeschnitten bin von meinen Wurzeln, ist echte Versöhnung mit meiner Geschichte und meinem Gewordensein nicht möglich. Die Versöhnung mit mir selbst führt unweigerlich zur Versöhnung mit meiner Familie. Wie immer meine Kindheit und Jugendzeit ausgesehen haben, ich werde erst dann Zugang finden zum Potential der in mir angelegten Kräfte der Liebe, wenn ich mit meiner Familie versöhnt bin. Auch dieser Schritt hat nichts zu tun mit oberflächlicher Harmonisierung. Der Prozess kann jahrelang dauern, und manchmal ist äussere Einheit nicht möglich. Nichts kann mich aber davon abhalten, meine Eltern und Geschwister je neu zu segnen und sie mit Gedanken und Wünschen von Hoffnung und Versöhnung zu umkreisen.

Übung

Wie stehe ich zu meiner Ursprungsfamilie? Bin ich mit meinen Eltern versöhnt? Bin ich mit meinen Geschwistern versöhnt?
Vorbereitung wie bei der Übung auf Seite 18f.
Visualisierung

Ich visualisiere einen Bildschirm. Auf diesem lasse ich ein Bild entstehen, auf dem alle ungelösten Konflikte mit meiner Familie eingefangen sind.

Ich nehme einen nassen Schwamm und lösche das Bild langsam und sorgfältig aus.

Im Vertrauen, dass Versöhnung mit meiner Ursprungsfamilie möglich ist, lasse ich ein Bild auf dem Bildschirm entstehen, das Ausdruck von Versöhnung, Liebe und Harmonie mit meiner Familie ist.

Gebet
Ich segne meine Familie.

Versöhnung mit dem Nächsten

Versöhnung mit der weiten Welt ist oft einfacher als Versöhnung mit den Menschen der nächsten Umgebung. Und doch: Die Art und Weise, wie wir an unseren Arbeitsplätzen oder in der Hausgemeinschaft Versöhnung leben, ist Ausdruck der in uns geweckten Einigungskräfte. Die ständige Arbeit, die um dieser Haltung willen von uns verlangt wird, ist Teilhabe am Kreuz Christi und dient dem Wachstum der Einheit in der Welt.

Übung

Gleiche Übung wie bei der Versöhnung mit meiner Familie.

Versöhnung mit der Schöpfung

Versöhnung mit der Schöpfung bedeutet einen neuen Umgang mit dem in seiner Schöpfung misshandelten kosmischen Christus. Dazu gehört die Erkenntnis, dass nicht nur die Kirche und die gesamte Menschheit, sondern auch das ganze Universum berufen sind, mystischer Leib Christi zu werden. Aus dieser Erkenntnis muss sich unser Umgang mit der Natur radikal verändern.

Noch sind wir ganz am Anfang dieses Weges. Die Sensibilisierung unserer Wahrnehmung für die Sünden an der Schöpfung und die Bereitschaft, uns von Gottes Geistin zu radikalem Umdenken und verändertem Handeln bewegen zu lassen, ist der zweite Schritt zur Versöhnung mit der Schöpfung. Das beginnt mit der Veränderung unserer Lebensgewohnheiten bezüglich Nahrung und Umgang mit Energie und reicht bis hin zum politischen Einsatz für eine ökologische Weltordnung, die uns hilft, einen der Schöpfung adäquaten, d.h. versöhnten Umgang mit ihr zu finden, und es ermöglicht, für eine gerechte Verteilung der uns gegebenen Rohstoffe und Energien zu sorgen.

Übung

Vorbereitung wie bei der Übung auf Seite 18f.
Visualisierung

> Ich visualisiere die Erde. Ich sehe ihre Leiden und Schmerzen. Ich erbitte Heilung für die Erde und unser ganzes Sonnensystem. Ich sehe, wie das heilende Licht des Universalen Christus die Erde durchdringt, bis in ihre innerste Mitte hinein. Ich sehe, wie sich das heilende Licht von der Erde ausbreitet in die uns umgebenden Sphären hinein.

Gebet
Ich bitte um Lenkung meines Tuns, entsprechend dem Willen Christi:
Christus, Dein Reich komme, Deine Welt bleibe, zeige mir, was ich tun soll.

Versöhnung mit Gott

Im Universalen Christus lebend, bewegen wir uns und sind wir in Gott. Jede Versöhnung mit uns selbst, unseren Mitmenschen und der Schöpfung ist daher auch Versöhnung mit Gott. Aber gerade weil dies so ist, ist die explizite Versöhnung, die uns im Sakrament der Busse angeboten ist, der ausdrückliche und sakramentale Vollzug der Grundhaltung, in der wir leben sollen. Das priesterliche „ego te absolvo" ist eines der grossen Geschenke der Kirche. In dem Masse, wie wir uns von Gott verzeihen lassen, werden auch wir zum Verzeihen fähig.

Fragen und Anregungen
Kann ich mir von Gott verzeihen lassen?
Kann ich seinen Willen annehmen?
Kann ich die Verheissung annehmen, dass im Himmel die Freude über die Bekehrung eines Sünders grösser ist als über 99 Gerechte?
Ich lese das Gleichnis vom verlorenen Sohn (Lk 15, 11-32) und versuche, mich auf die darin geschilderte Liebe Gottes zu mir einzulassen.
Ich lasse mir Vergebung schenken und bin bereit, die unerlösten Seiten in mir von Christus wandeln zu lassen.

4. Gewaltlosigkeit und Feindesliebe: Zielgestalt christlicher Versöhnung

„Euch, die ihr mir zuhört, sage ich: Liebet eure Feinde, tut denen Gutes, die euch hassen. Segnet die, die euch verfluchen; betet für die, die euch misshandeln" (Lk 6, 27-28).

In diesen Worten Jesu ist das tiefste Wesen der Versöhnung ausgedrückt: die Feindesliebe! Ohne Feindesliebe kann die Erlösungsgnade, die im Kreuz des Universalen Christus überall darauf wartet, Gestalt anzunehmen, um den neuen Menschen und die neue Schöpfung hervorzubringen, nicht wirksam werden. In der Feindesliebe liegt die Kraft, welche die Welt verändern kann. Die Feindesliebe ist ein Potential, das in den meisten Christen noch ungeweckt brachliegt. Wir sind unfähig zum „Dienst an der Versöhnung", solange wir nicht zur Feindesliebe fähig sind. Bis zu unserem Lebensende wird es daher täglich neu darum gehen, Feindbilder zu erkennen, loszulassen und unsere vermeintlichen oder wirklichen Feinde als Glieder des Leibes Christi zu erspüren, sie zu segnen, für sie zu beten und sie lieben zu lernen! Auch die Feindesliebe ist keine oberflächliche Harmonisierung. Jesus ist dafür ein sprechendes Beispiel. Seine Liebe hindert ihn nicht, mit messerscharfen Worten Missstände aufzudecken oder die Menschen um ihn zurechtzuweisen. Zorn und Trauer sind oft die Gefühle, die seine Feindesliebe charakterisieren. Diese Gefühle sind aber immer getragen von seinem Wunsch, in den „Feinden" die Mauer der Egozentrik zu durchbrechen, damit der neue Mensch geboren werden kann.

Uns gegenseitig zu helfen, die Feindesliebe leben zu lernen, muss ein Zentrum unserer Bemühungen um Entfaltung sein. Es ist wichtig, dass wir unsere kreativen Kräfte verbinden und erfinderisch werden, um das noch brachliegende Potential

der Feindesliebe zu wecken. Alle Hilfsmittel (materiell, psychisch, geistig), die uns dabei dienen, sollen wir dazu bemühen.
Versöhnung will gelernt sein. Das Erarbeiten von individuellen und kollektiven „Konfliktlösungsmodellen" kann eine Hilfe sein. So unerlässlich aber alles Erarbeiten von Hilfsmitteln ist: die entscheidende Kraft, Versöhnung zu leben, können wir nicht „erarbeiten". Die Versöhnungskräfte werden bei uns in dem Masse entfaltet, wie sich unsere Hingabe an den Universalen Christus entfaltet.
Die folgende Übung - sie ist ein Konfliklösungsmodell - soll uns inspirieren.

Übung

1. Ich bin eins mit dem Universum und mit jedem Menschen! Aus dieser Haltung heraus verbiete ich mir, jemals einen Menschen in der Tiefe meines Herzens zu verurteilen oder 'abzuschneiden'.
2. Ich lasse Gefühle der Frustration (Trauer, Schmerz, Enttäuschung, Zorn, Ärger) in mir zu.
   Ich verdränge meine negativen Affekte nicht, sondern lasse sie zu und nehme sie wahr.
   Ich lerne, dass ich mehr bin als meine Gefühle. Ich habe Angst, Zorn, Aggression, aber ich bin nicht meine Angst, mein Zorn, meine Aggression.
   Ich lerne, mich von meinen sozial destruktiven Gefühlen zu disidentifizieren.
3. Ich lerne, Gefühlen der Frustration in sozial-konstruktiver Form Ausdruck zu geben in all meinen Beziehungen (Familie, Arbeit etc.).
   Ich übe mich in der positiven Gedankenkontrolle. Das Hängenbleiben in Gefühlen der Frustration verbiete ich mir, indem ich den jeweiligen positiven Gegenpol in mir aktiviere, z.B.:Licht, Liebe, Heil und Frieden in Christus, mit mir und mit N.N.
   Ich erbitte Segen und Frieden für mich und meine Konfliktpartner.

4. Ich verpflichte mich, Konflikte nicht einfach stehen zu lassen. Ich spreche schwierige Situationen an, decke negative Spannungen auf.
   Ich vermeide falsche Harmonisierungen.
   Ich suche die stimmige Nähe und Distanz in Beziehungen zu finden.
   Ich bin bereit, nicht nur die barmherzige, sondern auch die „fordernde Liebe" und den „lebensspendenden Druck" zu leben, wenn dies nötig ist.
   Ich lerne, mein eigenes sozial-negatives Verhalten zu bewerten und bitte um Verzeihung, wenn ich gegen die Liebe gefehlt habe.

Wege zur Selbst- und Christusverwirklichung

Das 2. Vatikanische Konzil[30] machte deutlich, dass alle Christen und Christinnen, gleich welchen Standes, zur „Fülle des christlichen Lebens und zur vollkommenen Liebe" berufen sind. Diese Erklärung leitet die Möglichkeit einer Wende im christlichen Selbstverständnis ein, die vielen Christen noch nicht bewusst ist. Die jahrhundertelange Wertung, welche die Ordensleute über die Ehepaare stellt, da die einen Gott direkt, die anderen aber nur indirekt lieben, ist dadurch nicht mehr aufrechtzuerhalten. Es gibt in Zukunft nicht mehr den „Stand der Vollkommenheit", sondern nur noch die Vollkommenheit des Standes.
Wenn alle Christen zur Fülle des christlichen Lebens und zur vollkommenen Liebe berufen sind, so sind auch die sogenannten evangelischen Räte - Armut, Gehorsam und Jungfräulichkeit - Wege, die allen Christen offen stehen.
Die evangelischen Räte sind Wege, auf welchen wir lernen können, die drei stärksten Triebe (Besitztrieb, Machttrieb, Geschlechtstrieb) so zu gebrauchen, dass sie zu Energiequellen im Dienst der Gottes- und Nächstenliebe werden. Dabei ist es wichtig zu sehen, dass die drei Evangelischen Räte Aspekte der einen Ganzhingabe an Gott und der Liebe zu ihm sind, und dass in jedem evangelischen Rat die beiden anderen Aspekte enthalten sind.

Im folgenden soll der Weg der Evangelischen Räte kurz dargestellt und mit Berichten von Menschen, die ihn bewusst gehen, erläutert werden. Es sind Menschen, die zum St. Katharina-Werk gehören oder ihm nahestehen.

30 vgl. dazu: 2. Vat. Konzil. Dogmatische Konstitution über die Kirche, Lumen Gentium 5. Kap. Nr. 40 - 42.

1. Jungfräulichkeit

Durch den evangelischen Rat der Jungfräulichkeit sollen Geschlechtlichkeit und Sexualität so entfaltet und integriert werden, dass diese Urkräfte zum wärmenden und strahlenden Feuer in der Gottes- und Nächstenliebe werden. Unter Jungfräulichkeit verstehen wir die Hingabe an den Dreifaltigen Gott in Jesus Christus. Eine Hingabe, die bewirkt, dass wir in unserem ganzen Sein immer tiefer ergriffen werden von jener Wirklichkeit, die in der Apostelgeschichte angedeutet ist: „Denn in Ihm leben wir, bewegen wir uns und sind wir" (Apg. 17, 28). Wer sich ganz auf Christus einlässt, erfährt, dass Gott in jedem und jeder von uns geboren werden will. Die jungfräuliche Haltung, d.h. die Bereitschaft, ganz aus Christus zu leben, bewirkt die Christusgeburt in uns. In Christus sind und werden wir immer tiefer hineingenommen in den Abgrund innergöttlichen Lebens. In jene Tiefe der Gottheit, die Jesus, um uns nicht zu erschrecken, Vater nennt. In jene Herrlichkeit innergöttlichen Lebens, die unbenennbar ist, ohne Gestalt und Form, jeder Vorstellung und Aussage unzugänglich, und doch schon in dieser Welt erfahrbar. Aus diesem Verständnis von Jungfräulichkeit als Ganzhingabe an den Dreifaltigen Gott in Christus wird ersichtlich, dass die Berufung zur Jungfräulichkeit nicht an einen Stand gebunden, sondern jedem Menschen verheissen ist. Jungfräulichkeit im Sinne der Ganzhingabe an Gott ist daher für jeden Christen und jede Christin lebbar, für zölibatär Lebende ebenso wie für Ehepaare. Und in beiden Lebensformen hat die geistige Haltung der Jungfräulichkeit Auswirkungen auf die Entfaltung der Geschlechtlichkeit und die Integration der Sexualität. Diese Auswirkungen zeigen sich unter anderem im Wachsen der standesspezifischen Keuschheit und in der Befähigung zur teilweisen oder ganzen Enthaltsamkeit.

Keuschheit

Keuschheit ist jene Achtung vor der Würde des Menschen und jene Ergriffenheit, die aus dem Wissen um die Göttlichkeit in uns und im andern gespeist ist. Es gibt keine echte Jungfräulichkeit ohne Keuschheit. In dem Masse, wie sich die Christusgeburt in uns vollzieht, spüren wir, dass unser ganzes Wesen, Leib, Seele und Geist, in Christus erlöst ist.
Die Frage an die Korinther: „Wisst ihr nicht, dass euer Leib ein Tempel des heiligen Geistes ist?" (1. Kor 6, 19), wird zur erfahrenen Gewissheit. Diese Erfahrung beeinflusst mehr und mehr unsere Einstellung zu Geschlechtlichkeit und Sexualität. Der keusche Mensch verdrängt seine Sexualität nicht, sondern bejaht sie freudig als schöpferische Kraft. Er gestaltet sie entsprechend seinem Stand, damit sie zu jenem Feuer werde, das im Dienst der Gottes- und Nächstenliebe brennt. Dabei erfährt er immer tiefer, dass es keine Heiligung des Menschen gibt am Leib vorbei, und er versteht die paulinische Botschaft an die Korinther: „Um einen teuren Preis seid ihr erkauft worden. Verherrlicht also Gott in eurem Leib!" (1. Kor. 6, 20).
Keuschheit ist eine Frucht der jungfräulichen Haltung, die sowohl zölibatär Lebenden, wie auch Verheirateten geschenkt wird, wenn auch in je verschiedener Art. Keuschheit ist an keinen Stand gebunden und sie darf nicht mit Enthaltsamkeit verwechselt werden.

Enthaltsamkeit

Enthaltsamkeit bedeutet den zeitweiligen oder vollständigen Verzicht auf sexuelle Betätigung. Enthaltsamkeit als Frucht der Jungfräulichkeit ist immer in Freiheit gewählt. Ganz oder teilweise gelebte Enthaltsamkeit steht zwar im Dienst der Jungfräulichkeit, hat aber nicht notwendig damit zu tun. So ist z.B. ein Mensch, der mangels eines Partners oder wegen Krankheit auf die Sexualität verzichtet, enthaltsam, ohne deswegen schon die jungfräuliche Haltung, also die Ganzhingabe an Gott, anzustreben.

Jungfräulichkeit und Zölibat

Es gibt die Berufung zum Zölibat, die Berufung, auf Ehe, Kinder und gelebte Sexualität zu verzichten, um einer anderen Verfügbarkeit willen. Der zum Zölibat berufene Mensch geht an seiner Selbstverwirklichung vorbei, wenn er diesem inneren Anruf nicht gehorcht. Er kann seinen Wesensgehorsam - von dem noch die Rede sein wird - ebenso verfehlen wie der zur Ehe Berufene, der lieber ehelos lebt, weil dieser Weg für ihn bequemer ist.

Die Berufung zum Zölibat bringt nicht eine grössere, aber eine andere Verfügbarkeit mit sich, welche die Welt dringend braucht. Unser Planet braucht den Einsatz von Menschen, die die ganze Kraft ihres Herzens für den Aufbau einer menschlicheren Welt einsetzen und in diesem Einsatz nicht von den Aufgaben behindert werden, die in der Struktur der Familie selber begründet sind. Das äussere und innere Umfeld ist für jene Menschen, die berufen sind, ihren Wesensgehorsam im Zölibat zu verwirklichen anders als für die Verheirateten. Das Ziel ist aber dasselbe: die Christusverwirklichung, die ihren Ausdruck findet in der Einheit von Gottes- und Nächstenliebe.

Der zölibatäre Mensch, der um des Himmelreichs willen ehelos lebt, liebt Gott nicht mehr als der verheiratete Mensch, der um des Himmelreichs willen dem Ruf zur Ehe folgt. Und er liebt die Menschen nicht weniger als der Verheiratete, denn für beide ist Christus Zentrum der Liebe und in ihm sind beide zur Einheit der Gottes- und Nächstenliebe gerufen.
Die schon wiederholt angesprochene Übergangsphase von der mentalen zur integralen Bewusstseinsstruktur hat auch transformatorische Auswirkungen auf Geschlechtlichkeit und

Sexualität. Nicht mehr Zeugung und Arterhaltung ist in Zukunft die Hauptfunktion des geschlechtlichen Sinnes, sondern die gegenseitige Ergänzung von Mann und Frau durch die Entfaltung von psychisch-geistiger Nähe, Intimität und Verbundenheit. Deshalb wird die Sinnhaftigkeit des zölibatären Weges in Zukunft leichter aufleuchten. Schon jetzt erfahren viele Menschen die Kraft transformierter Sexualität und spüren, dass sie fähig sind, sexuell enthaltsam zu leben, ohne deswegen auf personale Beziehungen verzichten zu müssen.

Was mit Jungfräulichkeit und Zölibat gemeint ist, sei durch einen Bericht von H. Sch. erläutert.

Da ist eine Wanderin auf dem Weg, sie durchwandert Täler und Höhen, hat Freude an der Natur und den Menschen, die ihr begegnen. Und einer davon erzählt ihr von anderen, höheren Bergen, von Felsen und Gipfeln, von deren Schönheiten und Schwierigkeiten. Da wird in dieser Frau eine Sehnsucht wach, die Berge zu besteigen. Eines Tages trifft sie eine Freundin, die sie einlädt, mit ihr zusammen hochzugehen und sie dabei zu führen. So brechen sie auf, die Frau mit der Sehnsucht im Herzen, aber auch mit Angst und Zweifeln, ob sie es schaffen werde. Sie weiss nämlich nicht, ob Risiken beim Aufstieg auf sie warten. Sie vertraut auf die Begleiterin, die ihr dieses Wagnis zutraut.

So ähnlich ging es mir mit der Jungfräulichkeit. Ich spürte, dass der zölibatäre Weg mein Weg sein könnte. In mir war eine starke Sehnsucht nach Hingabe an Christus. Ich wünschte, Ihm bewusst Raum zu geben in mir, wollte meine Liebeskraft zur Entfaltung bringen. Ich wusste jedoch nicht, wie die konkrete Gestaltung eines zölibatären Weges aussehen könnte, noch, ob meine Sehnsucht tragfähig genug sei, auch Krisen und Hindernisse durchzustehen.
Es war mir leicht vorstellbar, dass es der spirituellen Begleitung

bedarf, dass es Zeit und Übung braucht, in die Haltung der Jungfräulichkeit und Keuschheit hineinzuwachsen. Schwerer fiel es mir, den Sinn der Enthaltsamkeit zu verstehen. Hatte ich doch während Jahren völlig identifiziert in einer Umgebung gelebt, in welcher Enthaltsamkeit eher als lächerlich bewertet wurde. So geprägt, konnte ich die Frage nach dem Sinn des Verzichtes nicht auf Anhieb beantworten und nach aussen vertreten. Insbesondere fiel es mir schwer, den Sinn der sexuellen Enthaltsamkeit zu verstehen, wenn Jungfräulichkeit auch in der Ehe gelebt werden kann.

Diese Fragen wurden zum Ausgangspunkt meiner Auseinandersetzung. Sie führten mich unweigerlich zum verstärkten Hinhören auf die Gottheit, um nachzuspüren, was sie von mir will, was mein Weg ist. Im Laufe der Zeit hat sich in mir folgende Antwort gebildet: Ich bin ein Geschöpf der liebenden Gottheit und gleichzeitig ihr Tempel. Der göttliche Urgrund, diese gestaltlose Gottheit, die Quelle allen Lebens ist, und die mich mit allem, was ist, verbindet, ist auch in mir und will Gestalt in mir annehmen, will geboren werden in Christus. „Jungfräulich" zu werden bedeutet, mich an die Gottheit hinzugeben und durch sie geschehen zu lassen, „dass nicht mehr ich lebe, sondern Christus in mir", wie Paulus im Galaterbrief dieses Geschehen beschreibt.

Je mehr ich die Wirklichkeit dieser Worte erfahre, umso mehr lerne ich mich anzunehmen in meiner Leiblichkeit und Geistigkeit. Je mehr ich meinen Leib als Tempel der Gottheit erfahre, umso mehr wird meine Sexualität eine Kraft, die in den Dienst der Liebe und ganzheitlichen Entfaltung genommen werden will. Die Sexualität verdrängen oder tabuisieren würde mich der wesentlichsten Energie berauben, um ganz Frau und ganzheitlicher Mensch zu werden.
Mir wird immer mehr bewusst, dass die Geschlechtlichkeit der stärkste und direkteste Ausdruck für die Ergänzungsnot-

wendigkeit und -möglichkeit des Menschen als Frau und Mann ist. Sexuelle Enthaltsamkeit auf dem zölibatären Weg darf also nicht Verzicht auf zwischenmenschliche Bindungen bedeuten, im Gegenteil: die sexuelle Kraft muss verfügbar und fruchtbar werden für die zwischenmenschliche Liebe und Verbundenheit zu allem, sie kann jene Energie sein, die uns befähigt, uns auf tiefere psychische Nähe zu anderen Menschen einzulassen. Ich bezweifle, dass der Zölibat ohne tiefe Beziehungen sinnvoll und in Freiheit gelebt werden kann. Die Gefahr der Abspaltung und Verdrängung der Sexualität und damit der Kompensation in verschiedenen Formen ist naheliegend.

Seit ich den zölibatären Weg gehe, erfahre ich, dass Kräfte in mir freigesetzt werden, die mir zu grösserer Zentriertheit verhelfen. Ich kann mehr bei mir sein und spüre, wie ich dadurch mehr an Ruhe und Gelassenheit gewinne. Ich spüre parallel dazu, dass ich gerade dadurch Angst vor psychischer Nähe verliere und fähiger werde, mich tiefer auf andere Menschen einzulassen.

Mein Verhalten im Umgang mit Freunden und Freundinnen bekommt neue Nuancen von Zärtlichkeit, aber auch meine Abgrenzungen werden deutlicher. Meine Gefühle vertiefen sich durch die klare Gestaltung von personalen Beziehungen oder den bewussten Verzicht und werden lebendiger. Der Schmerz wird schmerzender, die Freude freudiger.

Es wächst das Bewusstsein, dass Christus in mir und im anderen wirkt. Es wächst die Achtung vor der Würde des Menschen, und gerade diese Achtung führt zum Verzicht, besitzen zu wollen. In meinen Begegnungen und Bindungen wird für mich immer wesentlicher, dass sie in Freiheit geschehen und zur Freiheit befähigen. In dem Masse, wie ich mich in Freiheit selbst verwirkliche, geschieht in mir Christus-

verwirklichung. Ich fange an zu verstehen, was Paulus meint, wenn er sagt: „Zur Freiheit hat uns Christus befreit" (Gal 5, 1).

Die Frage nach der Freiheit wird für mich weiterhin bedeutsam in den Zeiten, in denen ich dem Schmerz dieses Weges ausgesetzt bin. Ich meine jenen Schmerz, der aus dem Verzicht auf Partnerschaft, Sexualität und Mutterschaft resultiert. Es ist mir zum einen wichtig, diesen Schmerz zuzulassen und auszuhalten, als ein Akt der Solidarität mit jenen Menschen, die zwangsweise darauf verzichten müssen. Zum weiteren habe ich vielfach erfahren, dass Christus den Schmerz und die Sehnsucht in Kraft und Freude wandelt, wenn ich sie ihm übergebe.

Ich bin sehr froh, dass wir diesen Themenkreis in der Gemeinschaft des St. Katharina-Werkes nicht tabuisieren. Im Mitteilen beim Gespräch mit meinen Mitschwestern und -brüdern erlebe ich sehr viel Ermutigung und Getragensein.

Die in mir wachsende Erfahrung der Einheit mit allen Menschen und mit der Schöpfung scheint mir nicht zuletzt eine Frucht transformierter sexueller Kraft zu sein. Es gibt tiefbeglückende Augenblicke, in denen ich spüren darf, dass Christus in allem am Werk ist. Es gibt Augenblicke, in denen ich meine Liebeskraft mit den Liebeskräften der ganzen Welt vereint erfahre. Es sind - im Bild der Wanderin - Gipfelerlebnisse. Sie sind Quelle tiefster Freude. Einer Freude, die mich zum nächsten Schritt treibt, hinein in die konkrete Aufgabe und Verantwortung, damit Einheit und Versöhnung unter den Menschen wächst.
Die Frage, ob Jungfräulichkeit im Zölibat schwieriger sei als in der Ehe, wurde für mich bedeutungslos. Indem ich den zölibatären Weg bewusst gehe, entdecke und erfahre ich seinen Reichtum. Es wächst in mir die Entschiedenheit und Sehnsucht, zusammen mit meinen Schwestern und Brüdern in

einen strahlenden Zölibat hineinzuwachsen und von seiner Sinnhaftigkeit Zeugnis zu geben. In der Gewissheit für den eigenen Weg erlebe ich auch, wie sich in unserer Gemeinschaft Zölibatäre und Eheleute ergänzen.

Jungfräulichkeit und Ehe

Immer mehr Ehepaare erfahren ihre Ehe als Berufung. Sie spüren die Aufgabe, den Wesensgehorsam in erster Linie mit ihrem Partner zu verwirklichen. Auch für Ehepaare kann die Haltung der Jungfräulichkeit, die Ganzhingabe an Gott in Christus, Zentrum ihres Lebens werden.

Ehepaare, die sich der Christusgeburt öffnen, können erfahren, wie sich die Liebe zum Partner/zur Partnerin und die Liebe zu Christus immer mehr verbindet und zur einen Liebe wird. Sie erfahren, dass auch in der Ehe Keuschheit eine Frucht der jungfräulichen Haltung ist. Ihre sexuelle Begegnung wird in dem Masse keusch, als sie immer mehr Sprache ihrer Liebe wird, welche unbezogenes, objekthaftes Ausleben- und Besitzenwollen immer weniger zulässt. Der Weg von der Verliebtheit zur Liebe, d.h. von der projektiven Liebe zur sehend und bejahend gewordenen Liebe, ist für Ehepaare, welche Jungfräulichkeit einüben, in nichts einfacher oder „natürlicher" als der Zölibat, und er verlangt nicht weniger Hingabe und Askese. So gibt es für Ehepaare Phasen der Müdigkeit, in welchen sie die Zölibatären um deren Unabhängigkeit willen beneiden, wie es für Zölibatäre Momente der Einsamkeit gibt, in welchen sie die Verheirateten um ihr Miteinander beneiden. Das Ehepaar G. + K. W. schreibt dazu:

Wenn auch das Einüben in die evangelischen Räte für unsere Ehe viel in Bewegung bringt, so haben wir doch die Begegnung mit dem Rat der Jungfräulichkeit für uns am spannendsten erlebt. Vielleicht liegt das einfach daran, dass das Thema

Sexualität in den hintersten Winkeln unserer Tabu-Zonen klebt und dass die grosse, bis heute gepflegte Angst der Christenheit vor dieser Kraft auch uns geprägt hat.
In der Neuinterpretation der evangelischen Räte im St. Katharina-Werk meint Jungfräulichkeit die Ganzhingabe an den Dreifaltigen Gott in der Bereitschaft, sich ganz auf Christus hin zu öffnen, auch in der geschlechtlich geprägten Leiblichkeit. Für Ehepaare bedeutet Jungfräulichkeit, ihre Sexualität so zu entfalten und zu leben, dass sie mehr und mehr zur Sprache der Liebe wird, so dass an und in der Freude lustvoller Hingabe und liebender Begegnung Christus durchzuscheinen beginnt. Der mit dem östlichen Denken vertraute Benediktinermönch Bede Griffiths hat das Geschenk und die Verheissung der Sexualität so beschrieben: „Letzlich ist es immer die Liebe Gottes, die uns durch jede menschliche Liebe hindurchzieht, die uns drängt, uns zu verschenken im Austausch mit der Liebe, die wir empfangen... Darum ist auch die Sexualität heilig. Das Verlangen nach Vereinigung entspricht der Liebe der heiligen Dreifaltigkeit.... Die sexuelle Liebe bleibt auf physischer Ebene immer unvollendet - sie muss in das Psychische und Geistige hinüberreichen, um die drei Welten zu durchdringen. Die Vereinigung der Körper ist ein Zeichen oder ein Sakrament der Seelenvereinigung: sie wird bedeutungslos, wenn sie nicht auch zur seelischen Erfüllung führt. Wenn die sexuelle Erfahrung vollkommen ist, bewegt sie die Tiefe der Seele, öffnet sie auf das Göttliche hin, vereint den Menschen, Mann und Frau, mit Gott. Darum verlangt die Liebe so viel und kann so tragisch sein".

Solche Perspektiven haben bei uns und vielen anderen Paaren grosse Sehnsucht ausgelöst, und ich bin dankbar, dass wir uns in der Ehepaargruppe gegenseitig helfen, unsere sexuellen Kräfte und Energien nicht abzuspalten, sondern zu entfalten. Wir lernen unter behutsamer und beharrlicher Anleitung, unsere Sexualität kennenzulernen und darüber mit dem Part-

ner, aber auch in der Gruppe, ins Gespräch zu kommen. Es wächst ein Klima der Ehrfurcht, wenn wir uns einander öffnen dürfen, wenn wir auch zeigen können, wie wenig noch die Sprache unserer Sexualität entfaltet ist und wie sehr sie noch der Gestaltung bedarf, um wirklich Sprache der Liebe zu werden. Damit wird sie offen auf Gott hin, der sich in der Hingabe von Mann und Frau als Urgrund aller Liebe zeigen möchte. Der Erfahrungsaustausch macht Mut, zu unserer Realität aber auch zu unserer Sehnsucht nach Entfaltung des Reichtums der Sexualität zu stehen; er fordert heraus, zu glauben und zu hoffen, dass die sexuelle Hingabe wirklich eine Form der Hingabe an den Dreifaltigen Gott sein kann und sein darf: Gebet des Leibes. Ich weiss aus persönlicher Erfahrung und aus vielen Kontakten mit Ehepaaren, dass viele die Sehnsucht nach Mehr-Sein gerade auch in der Sexualität teilen, aber kaum eine/einer weiss wirklich, wie das gehen mag, Sexualität als Sprache der Liebe zu kultivieren. Darum ist das Wichtigste, was wir dazu im St. Katharina-Werk lernen, nicht die Theorie. Das Wichtigste sind die Wege, die wir kennenlernen und in die wir uns einzeln und als Paare einüben. Es sind Wege, unsere sexuellen Kräfte wahrzunehmen und freudig zu bejahen, in uns neu zu ordnen und in eine personale und spirituelle Kraft zu transformieren. Auch hier erleben wir die Mühsal des Ringens und des konsequenten Einübens ebenso wie die Leichtigkeit und Freude, wenn sexuelle Hingabe neu und tiefer gelingt.

Übungen zum Thema Jungfräulichkeit

1. Übung

Wie ist mein Verhältnis zu meiner Geschlechtlichkeit, zu meinem Frausein oder Mannsein?
Wie ist mein Verhältnis zu meiner Sexualität?
Kann ich meinen Körper bejahen und mich an ihm freuen?
Kann ich meine sexuelle Energie als schöpferische Kraft bejahen und mich an ihr freuen?
Bin ich mir bewusst, dass die sexuelle Kraft ebenso der Gestaltung bedarf wie meine übrigen Kräfte?

2. Übung

Vorbereitung wie bei der Übung auf Seite 18f.
Ich nehme meinen Genitalbereich wahr und spüre meine sexuelle Kraft.

Visualisierung
Ich stelle mir vor, wie sich die sexuelle Kraft im Genitalbereich sammelt wie eine energetische Kugel. Ich sehe, wie die Kugel eine orange Farbe bekommt, ein Ausdruck von intensiver Lebenskraft. Ich spreche diese Lebenskraft an und begrüsse sie als schöpferische Kraft Gottes, die lebensspendend und zeugend in mir wirken will.
Ich sehe, wie die orange Energiekugel sich öffnet und die lebensspendende Energie sich in meinem ganzen Körper auszubreiten beginnt.

Ich beende die Übung mit einem Dankgebet.

2. Armut

Durch das Einüben des evangelischen Rates der Armut soll unser Besitztrieb, der an sich gut, aber oft irregeleitet ist, gewandelt werden vom „Haben-Wollen" zum Sein. Das

Wort Jesu: „Selig die Armen im Geiste, denn ihrer ist das Himmelreich" (Mt 5, 3) erschliesst sich uns in dem Masse, wie sich durch die Hingabe an den Universalen Christus unser egozentrisches „Haben-Wollen" verwandelt in Freude und in Mut zum Sein.
Wo Freude und Mut zum Sein in uns wachsen, wird das Teilen der uns geschenkten geistigen, psychischen und materiellen Gaben zum Bedürfnis. Jesus preist die „Armen im Geiste" selig. Diese Seligpreisung ist nicht nur eine Bewertung und Ermunterung, sie ist vor allem eine Verheissung. Seligkeit beinhaltet Glück, Fülle, Freiheit. Wo wir aus diesem Geist der Armut zu leben beginnen, wird das Schmecken von Glück, Fülle und Freiheit immer mehr zu einer Grunderfahrung unseres Lebens, trotz schwieriger äusserer Bedingungen.

In der evangelischen Armut können wir folgende Aspekte unterscheiden: die Wesensarmut, die Armut in den Beziehungen und die materielle Armut. Alle drei bedürfen der Einübung im konkreten Alltag.

Die Wesensarmut

Wesensarmut bedeutet, dass wir uns bewusst werden, dass unser egozentrisches Ich und die damit verbundene Autonomie eine Illusion sind. Wir sind geschaffene Wesen und von daher aus Christus in uns lebend, ob wir darum wissen oder nicht. Das Annehmen und Einüben von Wesensarmut bedeutet die Bewusstwerdung der Illusion des egozentrischen Ichs. Wesensarmut verwirklicht sich in dem Masse, wie wir von unserer eigenen Grössenvorstellung leer werden, unser egozentrisches Ich aufgeben, um aus Christus, dem „ICH BIN" in uns, zu leben.

Wie dies konkret aussehen kann, zeigt folgender Bericht von H. Sch.:

Wenn wir versuchen, die Wesensarmut als einen Aspekt der Armut zu leben, heisst dies zuerst, sich der Beziehung zur Gottheit als unserer Lebensquelle bewusst zu werden. Sie hat uns in unendlicher Liebe erschaffen, uns aber auch in einzigartiger Weise zur Freiheit berufen und sich damit in Abhängigkeit von uns begeben.
Die Gottheit ist meine Schöpferin, einerseits bin ich ganz auf sie verwiesen, andererseits ist sie auf mich, als ihre Mitarbeiterin in der Welt und der Schöpfung, angewiesen. In dieser Spannung gestaltet sich meine Beziehung zu ihr, und in dieser Beziehung relativieren sich sowohl Armseligkeit und Minderwertigkeit als auch Überschätzung und Grössenwahn. Zunehmend kann ich erfahren, dass ich in Christus gross sein darf und gleichzeitig kann ich da sein, so wie ich bin: in meiner Begrenztheit zu lieben; in meiner Bedürftigkeit, geliebt zu werden; in meinen Ängsten, zu versagen; in meinem Schuldigwerden an mir selbst, meinen Mitmenschen und der Gottheit gegenüber. So wie ich bin, darf ich zu Ihr gehen, mich von Ihr lieben und wandeln lassen.
Um diese Haltung muss ich immer wieder ringen, dann wird sie mir plötzlich geschenkt. Aber immer dann, wenn mir die Haltung der Wesensarmut gelingt, spüre ich, dass echte Begegnung mit der Gottheit geschieht, spüre ich etwas vom Wort Christi, das er zu Katharina von Siena sagte: „Durch die Liebe , die ER (Gott) empfand, als Er euch in sich sah, wurde Er dazu bewogen, euch das Sein zu geben." In solchen Situationen scheint etwas vom Licht der Gottheit durch mich hindurch und macht mich lebendig. Ich erfahre es als ein Heilwerden in mir; die Seite des „Haben-Wollens" wird ruhiger, verliert ihre Mächtigkeit. Der Raum in mir weitet sich für Christus, der mich mit „Christus in allem" verbindet. Mein Vertrauen ins Leben ist dadurch gewachsen, dass mir solche Begegnungen immer wieder geschehen, in denen ich mein und alles Leben als Geschenk erfahre.

Aber es gibt auch Zeiten, in denen mir die Gottheit weit weg erscheint, in denen ich mich allein gelassen oder überfordert fühle. Es gibt Zeiten, in denen ich nicht verstehe, was Sie will; es gibt Augenblicke, in denen aus meinem Dank-, Lob- oder Bittgebet Zorn wird, weil die Gottheit andere Pläne zu haben scheint als ich. Und es gibt Zeiten, in denen ich vergesse, dass Sie mein lebensspendendes Du ist, wo es mühsam und anstrengend ist, mich als Ihr Geschöpf zu bejahen. Aber im Rückblick auf meine Geschichte mit der Gottheit wird mir immer wieder deutlich, dass es nicht ein Weg in einengender Abhängigkeit ist, den ich mit Ihr gehe, sondern, dass mich meine Ausrichtung auf sie zu grösserer innerer Freiheit geführt hat. Es ist ein aktiver und passiver Prozess, mich als Ihr Geschöpf zu erfahren und Ihr zu vertrauen, mich rückzubinden und mich von Ihr binden und lieben zu lassen.

Anregungen zur Besinnung
Was löst die Erkenntnis, dass Du nicht aus Dir selbst existierst, in Dir aus?
Was löst die Einsicht, dass Du auf Deinen Schöpfer verwiesen bist, in Dir aus?
Halte inne und versuche zu erspüren, was es für Dich bedeutet, dass Christus in Dir lebt?
Versuche „Wesensarmut" einzuüben, indem Du Dir der Illusion Deiner eigenen Autonomie bewusst wirst und ein freudiges JA, aus Christus zu leben, sagst.

Die Armut in den Beziehungen

Im Einüben der Wesensarmut wird unsere Beziehung zum Schöpfer in die richtige Dimension verwiesen. Im Einüben der „Armut in den Beziehungen" werden unsere Beziehungen zu den Mitmenschen so gestaltet, dass Liebe, Nähe und Zärtlichkeit wachsen können. „Armut in den Beziehungen" bedeutet, immer mehr auf alle gemachte Stärke verzichten zu lernen, immer mehr alles Unechte und alle Masken zu erkennen und gemeinsam abzulegen. Wo „Armut in den Beziehungen" Gestalt annimmt, da dürfen wir uns immer mehr schutzlos zeigen: mit unseren Grenzen, Fehlern, Schwächen und mit unserer Schuld. In solch schutzloser Begegnung kann eine Wärme und Zärtlichkeit aufbrechen, in welcher die Anwesenheit Gottes in uns und im anderen Menschen unmittelbar erfahren wird.

„Armut in den Beziehungen" geht aber über die individuelle Dimension hinaus. Sie bedeutet auch, die Grenzen, Fehler, Schwächen und die Schuld der Gruppe, zu der wir gehören, anzunehmen und einzugestehen. Wieviel Versagen und Schuld haben sich z.B. in der Geschichte des Christentums angehäuft, weil wir Christen und Christinnen es immer wieder versäumt haben, uns mit den Opfern der Gewalt und Unterdrückung zu solidarisieren! Wir bauten Feindbilder auf und verursachten Kriege und unterliessen es oft, die Wahrheit zu leben, das Böse aufzudecken und ungerechte Systeme und Strukturen anzuprangern. Jede Gruppe hat ihren spezifischen „Schatten", der, solange er unbewusst ist, Not und Übel verursacht.

„Armut in den Beziehungen" bedeutet schliesslich auch, die Schuld der Kirche und der Christen anzunehmen, einzugestehen und überall da um Verzeihung zu bitten, wo durch die Kirche und die Christen Leben und Liebe erstickt wurden. Was mit Armut in den Beziehungen gemeint ist, hat ein Jugendlicher, St. G., unter dem Stichwort 'Masken ablegen', so formuliert:

Bei einem Besuch im St. Katharina-Werk wurde ich gefragt, ob ich interessiert sei, an einem Internationalen Jugendtreffen im Fernblick, einem der Häuser des St. Katharina-Werks, teilzunehmen. Die spontane Anwort fiel mir schwer. Ich war etwas überrumpelt und spürte, wie sich Fragen in mir auf-

türmten: „Was soll ich da? Wer kommt da noch? Was erwartet mich? Welche Rolle hätte ich in einem Internationalen Jugendlager? Schon wieder eine Woche Sommerferien verplant..." Schlussendlich entschied ich mich teilzunehmen. Die Entscheidung war vorwiegend vom Kopf und Verstand her bestimmt. Wie damals noch üblich, verdrängte ich die Unsicherheit in mir mit ironisch-nüchternen Argumenten: „Als Abwechslung vor den Sommerferien, 1 1/2 Monate vor der Rekrutenschule, könnte diese Woche eine spannende Herausforderung für mich sein" - und, in der damals für mich ebenso selbstgefälligen Art entdeckte ich Gedanken und Gefühle, die sich an mir selbst erfreuten: „Wie vielfältig bin ich doch - ein Internationales Jugendlager - was bin ich doch für ein Kerl...". Ich hatte keine besonderen Erwartungen an das Programm oder an die Menschen, die ich dort treffen würde. Ich war eingestellt auf mich, auf meinen Auftritt, und ich erwartete, von den anderen akzeptiert zu werden... Dieses „Selbstbewusstsein" verflachte etwas am Tag der Abreise. Mulmige Gefühle waren in mir. So, als wäre ich plötzlich mit einem Sprung ins kalte Wasser konfrontiert.

Das stärkste Erlebnis in der darauffolgenden Woche war die Begegnung mit mir selbst. Die schon erwähnte Ironie mit mir, wenn ich unsicher bin, das damit verbundene „Theaterspielen", mein Nach-aussen-gerichtet-Sein und mein ständiges Mich-präsentieren-Wollen, kamen in jener Woche in einer mir selber ganz ungewohnten Intensität zum Vorschein. Meine mich bis dahin tragende Ironie, mit der ich manche Kameradschaft lebte, mit der ich tiefere Gefühle verdrängte, peinliche Situationen überspielte, diese Ironie rächte sich an mir selber. Die Maske fiel weg! Mein Theaterspielen war fehl am Platz, unbrauchbar, unfruchtbar..! Wer war dieser Stephan ohne Maske? Wie verhielt sich Stephan ohne seine ironische Maske? Worauf stützte er sich, als es um tiefe persönliche Begegnungen und Gespräche ging?

Wie nie vorher in meinem Leben begegnete ich mir selber. Konnte ich diesen Menschen von einem anderen Erdteil ein ehrliches, mit Liebe verbundenes Lachen schenken, so wie ich es von ihnen geschenkt bekam? War ich so wie sie bereit, auch unschöne Seiten von mir zu zeigen? War ich denn überhaupt imstande, den „Gefühlsverdränger Ironie" los, d.h. aus dem Spiel zu lassen? War ich fähig, anders zu spielen? Wo war nun dieser vorher so stark erscheinende Stephan? Wo war „Ich"?

Die Antwort war: Desorientierung, Unsicherheit, Angst und eine zuvor so nie gekannte „Leere", die sich als Gefühlskälte und Lustlosigkeit ausdrückte. Ich wollte die Herzlichkeit, Wärme und Freude der philippinischen Freunde erwidern und erlebte oft, dass da weder Wärme noch Liebe in mir waren. Nicht die ganze Woche war so. Zum Glück! Es gab Zeiten, da hatte ich Zugang zu meiner Freude, meinem Mut, meiner Liebe! Trotzdem, die Konfrontation mit dem Stephan ohne Maske machte das Internationale Jugendlager zur bisher bedeutendsten, wichtigsten Woche meines Lebens. Ich ging mit der tiefen Überzeugung und Entschlossenheit nach Hause, meine Masken loszuwerden. Eine gute Gelegenheit dazu bot mir die bevorstehende Rekrutenschule. Zunächst hatte ich Angst, durch ein neues, ernsteres Verhalten eventuell nur mühsam Kollegen und Freunde zu finden. Aber es war nicht so. Überall sah ich den „alten Stephan" mit dem „alten Ich" auch in meinen Kameraden. Ich spürte eine unbändige Kraft und Freude, wenn es mir gelang, dies zu erkennen und trotzdem bescheiden zu bleiben. Sowohl Kameraden wie Vorgesetzte lernte ich von einer Seite kennen, wie ich sie durch mein vorheriges Verhalten nie erfahren habe. Ich war ehrlich zu mir! War ich selber! Ein mir bisher unbekanntes Gefühl! Ich habe durch das Jugendlager gelernt, dass ich mit Einzelnen und Gruppen Kontakt haben kann, ohne mich vom

„Massengemüt" anstecken zu lassen, ohne meine Persönlichkeit manipulieren zu müssen, ohne mein Ich zu verlieren, ohne Theater spielen zu müssen! DANKE!

Übung

Kenne ich meine eigenen Masken?
Gibt es einen Menschen, bei dem ich auf alle gemachte Stärke verzichten kann?
Wie weit bin ich fähig und willig, mich schutzlos zu zeigen?
Wie sehen die „Masken" aus, die meine Familie, meine Volksgruppe und meine Kirche tragen?
Ich überlege, bei welchem Menschen und in welchen Situationen ich am meisten wünsche, Ich selber sein zu können, ohne Maske und Verstellung.
Ich wage es, meine Sehnsucht nach Echtheit ernst zu nehmen und überlege mir ganz konkret, wo und wie ich beginnen kann, „Armut in den Beziehungen" einzuüben.

Die materielle Armut

Die evangelische Armut wirkt sich nicht nur in der Beziehung zu Gott und den Menschen aus, sie prägt nach und nach den gesamten Lebensstil. Wo die evangelische Armut aus dem Geiste Christi gelebt wird und die Aspekte „Wesensarmut" und „Armut in den Beziehungen" immer mehr Tun und Lassen des Menschen bestimmen, da wird Solidarität mit den Armen und ein wachsendes Bedürfnis nach weltweiter Gerechtigkeit zur inneren Notwendigkeit. Das Haben-Wollen wird zur Freude am Sein, die evangelische Seligpreisung der Armut wird erfahrbare Wirklichkeit.
Daher werden Menschen, die sich dem Rat der evangelischen Armut verpflichten, immer mehr von innen gedrängt, einen Teil ihrer Einkünfte, nach Abzug dessen, was sie für ihre

persönlichen Belange oder für ihre Familien benötigen, zur Erfüllung sozialer Aufgaben zur Verfügung zu stellen.
Darüber hinaus werden sie alles ihnen Mögliche tun, dass jene wirtschaftlichen und politischen Systeme, die Ursachen der ungerechten Verteilung der Güter auf dieser Erde sind und den Skandal der Armut von Millionen von Menschen bewirken, verändert und aufgelöst werden.
Zur Auseinandersetzung mit der Dimension der materiellen Armut schreibt U. K.:

Als Christin fühle ich mich in besonderer Weise aufgerufen, die materiellen Dinge des Lebens als Teile der Schöpfung Christi zu sehen und verantwortungsvoll zu verwenden. Die Güter dieser Welt stehen nicht nur mir persönlich, auch nicht den Industrienationen allein zur Verfügung, sondern sollen den Menschen aller Kontinente gleichermassen Leben und Genuss ermöglichen. Im 1. Korintherbrief heisst es nicht ohne Grund:
„Gott aber hat den Leib so zusammengefügt, dass er dem geringsten Glied mehr Ehre zukommen liess, damit im Leib keine Zwiespalt entstehe, sondern alle Glieder einträchtig für einander sorgen. Wenn darum ein Glied leidet, leiden alle Glieder mit" (12, 24-26).
Im Sinne dieser Aussage ist allein das Bemühen des Einzelnen um einen verantwortungsvollen Umgang mit materiellen Gütern ein wichtiger Beitrag. Darüber hinaus notwendig ist ein politisches Engagement, um für eine bessere weltweite Verteilung der Güter einzutreten.

Das Bewusstsein vom Angewiesensein aller Menschen auf die Güter der Schöpfung erleichtert mir die alltägliche konkrete Auseinandersetzung mit der Armut im Lebensstil. Ich erfahre immer wieder, wie schwer es fällt, das „richtige" Mass zu finden - vor allem auch dann, wenn zum Beispiel nicht bereits durch das Vorhandensein begrenzter finanzieller Mittel

zwangsweise Grenzen gesetzt werden. Täglich tauchen neue Fragen auf und sind Entscheidungen gefordert: Sind eine teure Verpflegung, eine komfortablere Ausstattung der Wohnung, ein Auto, modischere Kleidung etc. zu verantworten, und wenn ja, in welchem Umfang?
In solchen Situationen spüre ich genauso häufig die Gefahr, zu schnell Anschaffungen zuzustimmen wie auch, sie als unnötig oder luxuriös aufzugeben. Durch ein bewussteres Bemühen um die Einfachheit im Lebensstil muss ich sowohl lernen zurückzustellen und zu verzichten wie auch mir etwas gönnen zu können. Mir ist deutlich geworden, dass nur ein kontinuierliches Bemühen weiterbringt und Erfolge zeigt und eine Integration der materiellen Welt in unser christliches Leben ermöglicht.

Übung

Ich nehme mir Zeit, eine Bestandesaufnahme bezüglich meines materiellen Besitzes zu machen.
Macht mich mein Besitz glücklich? Sind meine materiellen Güter eine Hilfe für mein inneres Wachstum, oder halten sie mich in unfreier Abhängigkeit?
Bin ich eher verschwenderisch oder eher geizig mit mir selber?
Kenne ich den Unterschied zwischen unersättlichem „Haben-Wollen" und einem guten „Mir-etwas-Gönnen?"
Ich versuche eine möglichst konkrete Kurskorrektur zu planen:
Ich bin bereit, sowohl mir wie auch anderen gegenüber grosszügig zu sein.
Beim Einüben der materiellen Armut bin ich auch bereit, mich für die Veränderung jener wirtschaftlichen und politischen Systeme einzusetzen, die das Gefälle „arm und reich" immer grösser werden lassen. Konkret bedeutet dies…

3. Gehorsam

Leitbild für den evangelischen Gehorsam ist Jesus der Christus. In den Evangelien wird der Gehorsam Jesu Christi immer in Verbindung mit seiner Grösse, Macht und Sendung dargestellt (vgl. Mt 7, 29). Sein Gehorsam ist geprägt von unüberbietbarem Selbstbewusstsein. Weil er ganz in und aus dem Willen des Vaters lebte, empfing er von ihm jene Grösse, die im Philipperbrief beschrieben wird: „Sein Leben war das eines Menschen, er erniedrigte sich und war gehorsam bis zum Tod, bis zum Tod am Kreuz. Darum hat ihn Gott über alle erhöht und ihm den Namen verliehen, der grösser ist als alle Namen, damit alle im Himmel, auf der Erde und unter der Erde ihre Knie beugen vor dem Namen Jesu und jeder Mund bekennt: Jesus Christus ist der Herr, zur Ehre Gottes, des Vaters" (Phil 2, 7b-11).

Bei Jesus ist nichts zu finden von falscher Demut und Unterwürfigkeit. Er sprach und er lebte „wie einer der (göttliche) Vollmacht hat" (Mt 7, 29). Die durch seinen Gehorsam in ihm erwachende Macht war eine Macht der Liebe. Diese Macht der Liebe war so gross, dass er darin freiwillig die Ohnmacht des Kreuzes annehmen und erleiden konnte.

Soll sich unser Machttrieb im Geiste des Evangeliums läutern, so ist die Teilnahme am Gehorsam Christi und an seiner Sendung in dieser Welt Voraussetzung.

Beim Rat des Gehorsams können wir zwei Aspekte unterscheiden: den Wesensgehorsam und den Sachgehorsam. Auch sie bedürfen der Einübung.

Der Wesensgehorsam

Unserem Wesen gehorsam werden können wir nur, wenn wir annehmen, dass wir die Züge des Dreieinen in uns tragen. Alles in uns drängt zur Entfaltung dieses Bildes. Wir sind uns gegeben und zugleich aufgegeben. Wesensgehorsam ist

daher eine geistige Haltung, welche verlangt, dass wir in beständiger Offenheit und Übung ausgerichtet sind auf die Mitte unseres Wesens, auf den geheimnisvoll in uns lebenden Christus. Wesensgehorsam verwirklicht sich in dem Masse, wie wir bereit sind, die aus dem „ICH BIN" aufsteigenden Impulse zu hören, ihnen zu gehorchen, sie im Hier und Jetzt zu verwirklichen und so unser Wesen zu entfalten. Damit führt Wesensgehorsam zu einer Selbstverwirklichung, die identisch ist mit Christusverwirklichung.
Der Mensch, der es sich zur Aufgabe macht, seinem tiefsten Wesen gehorsam zu werden, erfährt, dass es ein Prozess ist, der nicht gradlinig verläuft. Er spürt Widerstände in sich selbst und um sich herum. Er macht die Erfahrung, dass die Oberfläche und die Tiefe seines Wesens verschiedene Strömungen haben. Das Greifbare und Fühlbare ist ihm näher als seine innersten Impulse und versucht ihn von seinen innersten Bedürfnissen abzuhalten. Dies bringt Konflikte mit sich, die schmerzhaft sind. Um seinem Wesen gehorsam zu werden, muss der Mensch auf seine innerste Stimme eingehen. Sie verlangt neben grosser Wachheit und Offenheit auch neue Formen der Askese. Nicht mehr Askese der Unterdrückung und der Verdrängung, sondern eine Askese der Entfaltung und des Dienstes ist vonnöten, um Wesensgehorsam zu leben.
Wie das Einüben des Wesensgehorsam praktisch aussehen kann, veranschaulicht ein Bericht, den wir Th. B. verdanken.

„Durch die Liebe, die Gott empfand, als er euch in sich sah, wurde er dazu bewogen, euch das Sein zu geben."

Katharina von Siena

Ich erinnere mich sehr genau, wie mich dieser Gedanke über Wochen beschäftigt hat, nachdem wir in der Ausbildungsgruppe des St. Katharina-Werkes den Spuren unserer Patronin, Katharina von Siena, nachgegangen sind. Die Liebe, die

Gott empfand, als er mich sah, bewog ihn, mir das Sein zu geben! Diese Gewissheit hat in mir Gefühle von Ergriffenheit, Dankbarkeit, grosser Geborgenheit und eine tiefe Sehnsucht nach meinem Schöpfer ausgelöst. Ich fühlte mich eingebunden in den gesamten Schöpfungsplan Gottes und kann seither mein Leben als Berufung verstehen.
Es geht nicht nur darum, ganz Mensch zu werden, sondern das Wesen Gottes in mir zur Entfaltung zu bringen. Je mehr ich mich selber kennenlerne, umsomehr vertieft sich meine Beziehung zu Christus. Katharina spricht davon, dass Gottes-erkenntnis und Selbsterkenntnis zusammengehören. Mein Bemühen, mich vor Gott zu erkennen, bindet mich immer stärker ein, und in den damit verbundenen Schmerzen erfahre ich neuen Sinn.
Rückblickend auf die langen Jahre, seit ich Wesensgehorsam einübe, erfahre ich als Frucht Selbstverwirklichung im Sinne von einem Mehr an Personalisation. Die drei Schritte der Personalisation, wie sie Teilhard de Chardin im „Glück des Daseins" beschreibt, sind mir vertraut:
„Um ganz er selbst zu werden und lebendig zu sein, muss der Mensch sich in sich selbst zentrieren, sich auf den anderen dezentrieren und sich in einem Grösseren als er selbst überzentrieren".

Oft wird meine Grundstimmung überflutet durch zu viel Betriebsamkeit. Dabei erlebe ich, dass ich durch äussere Einflüsse von meiner Mitte weggeführt werden kann. Um den Ansprüchen von aussen und innen gerecht zu werden, brauche ich in meinem Tagesablauf Zeiten der Stille. So übe ich mich täglich im kontemplativen Gebet. Über diese Übung habe ich Zugang gefunden zu meinem Wesenskern, wo ich mich ganz und heil erfahre. Immer mehr kann ich zulassen, dass ich die Züge des Dreifaltigen Gottes in mir trage. Und mein bisheriges Leben erfahre ich in einem neuen Licht. Diese

Erfahrung lässt mich jedoch immer wieder auch das Unerlöste in mir schmerzhaft erfahren.
Meine Geschichte hat mich tiefgreifend geprägt, mehr als ich es oft wahrhaben will. Sie hat mir wertvolle Erfahrungen ermöglicht, mich aber auch gezwungen, Verhaltensweisen zu übernehmen, an denen ich manchmal noch schwer trage. So habe ich über Jahre „geübt", schwierigen Situationen auszuweichen, um zu überleben. Es liegt jetzt an mir, Veränderungen in Gang zu bringen, neues Verhalten zu lernen und nicht in Entschuldigungen verhaftet zu bleiben. Das heisst für mich konkret: Konflikthaftes wahrnehmen, aushalten und echt austragen, statt nur meinem stark entwickelten Harmoniebedürfnis nachzugeben. Ich wage es jetzt, Schwieriges und Konflikthaftes in meiner Herkunftsfamilie sowie in meiner Arbeit und in den Beziehungen anzusprechen und bewusst auszutragen. Durch die Einübung des Wesensgehorsams erfahre ich, wie Versöhnung wächst und immer mehr Kräfte freigelegt werden. Es sind jene Kräfte, die mich in meiner Beziehungs- und Liebesfähigkeit wachsen lassen.

Besinnung

Bin ich bereit, auf meine tiefsten Impulse zu hören? Bin ich bereit, meinem innersten Wesen zu gehorchen?
Wie lerne ich, zwischen Oberflächen- und Tiefenströmungen zu unterscheiden? Wie finde ich im Chor der vielen inneren Stimmen meine innerste Stimme?
Bin ich bereit, die aus dem Wesensgehorsam resultierenden „Kurskorrekturen" in meinem Leben vorzunehmen?

Gebet

Universaler Christus, du, der du das Leben in mir bist, das mich zu Grenzerweiterungen meines Herzens treibt, dir übergebe ich mein kleines, ängstliches und egozentrisches Ich.

Verbrenne es in deiner Liebe, damit ich fähig werde, aus deinem ICH BIN zu leben.
Wandle meine Widerstände in jene totale Hingabe um, in der ich erkenne, dass Dein „ICH BIN" mein „ICH BIN" ist.

Der Sachgehorsam

Wir können nur zu uns selber finden in Bezug zu unserer Umwelt. Sachgehorsam bedeutet, das im Hier und Jetzt gegebene, die Zeitepoche, den soziokulturellen Kontext, die konkrete Situation meines Lebens anzunehmen und das mir darin Aufgegebene zu suchen.
Das uns Aufgegebene zu suchen und zu verwirklichen ist nur möglich in einer radikalen Verfügbarkeit. Es ist Aufgabe jedes Menschen, die stimmige Mitte zwischen Wesens- und Sachgehorsam, d.h. zwischen den Impulsen von innen und den Anforderungen von aussen, zu finden. Wo wir bereit sind, diese stimmige Mitte zu suchen, werden wir sie finden und dabei entdecken, dass Christus uns von innen wie auch von aussen begegnet. Gehorsam im Sinne des evangelischen Rates, der Ausdruck ist von stimmiger Mitte zwischen Wesens- und Sachgehorsam, ist von innerer Reife und Freiwilligkeit gekennzeichnet. Handeln aus Reife und Freiwilligkeit bedeutet: machtvoll handeln. Beim Einüben von Wesens- und Sachgehorsam ist es wichtig, sich der wachsenden inneren Macht bewusst zu sein. Wo diese Macht in Christus gründet, kann sie sich zu jener Kraft entfalten, die fähig ist, Ohnmacht anzunehmen und auszuhalten. So wird sie zur Macht der Liebe.
Der Bericht von A. G. schildert das nicht selten dramatische Zusammenspiel von Wesens- und Sachgehorsam.

Wesens- und Sachgehorsam sind zwei Pole, die nur im Einklang miteinander den Glaubensgehorsam ausmachen. Phasen, in denen sich dieser Einklang in einem mehr oder weniger stabilen Fliessen befindet, können ganz plötzlich unterbrochen werden durch drängende innere Impulse oder eine veränderte äussere Situation. Der Einklang kommt ins Wanken und muss neu gefunden werden.

Im vergangenen Sommer befand ich mich in einer solchen Situation. Hatte ich einfach nur schlecht geplant oder hatte die bevorstehende Drucksituation einen tieferen Sinn? Jedenfalls, ich stand mitten in einer persönlichen Weiterbildung für Körperarbeit, und in den Sommermonaten waren Intensivseminare geplant, für die ich mich auch vorzubereiten hatte. Gleichzeitig hatte ich mich verpflichtet, ein Austauschprogramm für philippinische Gäste zu begleiten und mitzugestalten. Je näher der Sommer rückte, umso deutlicher wurde mir, dass ich beide Programme nicht miteinander, bzw. nebeneinander bewältigen konnte. Ich musste mich für eines der beiden entscheiden.

Ich hatte mich für die Ausbildung angemeldet, um einem Teil meiner inneren Bestimmung, nämlich heilberuflich tätig zu werden, Raum zu geben. Diese Ausbildung stand also vorwiegend unter dem Zeichen der Entfaltung des Wesensgehorsams. Ich hatte mich aber auch auf die Aufgabe eingelassen, die Philippinos zu begleiten. In der Vorbereitung auf die Begegnungen wurde mir immer deutlicher, dass wir wohl ein Programm zusammenstellen können; sollen jedoch tiefe, persönliche Begegnungen möglich werden mit Menschen anderer Kulturen und Rassen, so mussten wir uns auch dazu bereiten, den Situationen entsprechend verfügbar für neue Planungen zu werden. Ich spürte, dass diese Aufgabe meine Fähigkeit zum Sachgehorsam prüfen und schulen würde. Dies hatte auch etwas Verlockendes für mich.
So stand ich da mit der Frage: Was soll ich tun? Hatte ich auf die persönliche Weiterbildung zu verzichten, denn vielleicht förderte jetzt die Übernahme der neuen Aufgabe weit mehr

die Entfaltung meines innersten Wesens? Ich wusste, die Antwort auf diese Frage konnte ich nur in mir selber finden. So ging ich denn in die Stille, versuchte mich hinhörend und betend auf die beiden Pole, nämlich Treue zu meinem Bedürfnis nach Selbstentfaltung (Wesensgehorsam) und Verfügbarkeit gegenüber der konkreten Aufgabe (Sachgehorsam), einzulassen. Und je ruhiger es in mir wurde, umso klarer spürte ich tief in meinem Innern ein Ja zur Verfügbarkeit. Ich ahnte, dass gerade so mein bisheriger Weg eine Fortsetzung findet und mich tiefer zu mir selber führt. So war es für mich dann auch nicht erstaunlich, dass der Ausbildungsleiter mir spontan anerbot, die Ausbildung im nächsten Jahr in einem andern Kurs fortzusetzen.
Der Sommer kam und damit die Gäste aus den Philippinen. Eine kleine Gruppe aus der Mittelschicht und eine andere Gruppe aus einem Elendsviertel dieses Landes. Bereits in den ersten Tagen begannen intensive Prozesse, denen ich mich nicht entziehen konnte und wollte. Rassismus und Kolonialismus standen als brennende Themen im Raum. Wir hatten eine grosse Aufgabe vor uns, nämlich miteinander im Kleinen zu bewältigen, was im grossen Weltgeschehen oft zu Kriegen führt. Es war eine schwierige und zugleich beglückende Erfahrung: In allen war die Bereitschaft wach, sich den Konflikten zu stellen, nicht auszuweichen und nach Versöhnung zu suchen. Noch heute staune ich, wenn ich zurückdenke, wie schnell wir uns durch diese Anfangsschwierigkeiten durchgearbeitet hatten. Danach begann eine Zeit, in der existenzielle Begegnungen zwischen uns möglich wurden, die mich tief beschenkten. Das Zusammenleben und -arbeiten mit diesen Menschen aus einer anderen Kultur weitete meinen inneren Horizont. Die Menschheit mit ihren Nöten und Freuden war mir hautnah, auch das Bewusstsein, dass alle Menschen dieser Erde eine Familie, die Menschheitsfamilie, bilden, ja, dass wir in Christus ein Leib sind.

Glaubensgehorsam, der die eigene Auseinandersetzung, Stellungnahme und Entscheidung herausfordert, wie gross oder klein sie auch immer sein mag, hat nichts Bedrückendes an sich. Der Prozess kann wohl schmerzhaft sein, Verzichte fordern, aber ich hatte wieder einmal mehr die Erfahrung gemacht, dass diese Verzichte zur Gnade werden können. Sie dienen der Selbstverwirklichung, in der ich Christus immer neu in mir entdecke. In der Balance von Wesens- und Sachgehorsam ist spürbar, dass Selbstverwirklichung und Christusverwirklichung zusammengehören.

Übung

Habe ich schon erfahren, dass meine Pläne und Vorhaben durch äussere Gegebenheiten durchkreuzt wurden und Neuorientierung verlangten?
Habe ich schon erfahren, dass sich das Hindernis im Bejahen des Sachgehorsams später als Chance, als Gnade erwiesen hat?

Gebet
Christus, lehre mich darauf zu vertrauen, dass in jeder mir übertragenen Aufgabe eine für mich bestimmte Verheissung und Erfüllung enthalten ist.

Epilog: Bekenntnis zur Kirche

Meine Beziehung zur Kirche hat verschiedene Facetten. Ich verdanke ihr das grösste Geschenk meines Lebens: die Begegnung mit Jesus dem Christus und die Erfahrung der Christuswirklichkeit. Das vorliegende Buch ist eine Frucht dieser Erfahrung. Es schöpft und lebt aus der kirchlichen Tradition.

Wenn ich mein Verhältnis zur Kirche mit den vielen Christinnen und Christen um mich herum, die von der Kirche enttäuscht sind, vergleiche, so erlebe ich wohl gerade in meinem Verhältnis zu Mystik und Lehre entscheidende Unterschiede. Die mystische Tradition der Kirche erschliesst sich mir immer mehr als unerschöpfliche Fülle. Und mit Trauer entdecke ich, wie wenig sie bekannt ist, wie wenig sie verkündet und gelebt wird. Aber nicht nur die Mystik, auch die Dogmen der Kirche erlebe ich als grossen Reichtum. Um wirkträchtig zu werden, müssten sie allerdings dem christlichen Volk in Bewusstsein und Sprache unserer Zeit nahe gebracht und gedeutet werden. Dies ist mein Anliegen, und dafür setze ich mich ein.

Die Kehrseite meiner Liebe zur Kirche ist das Leiden an der Kirche. Als Leiterin einer kirchlichen Gemeinschaft, deren Aufgabe es nach dem Willen der Kirche ist, „Versuchslaboratorium für das Verhältnis Kirche - Welt" zu sein, weiss ich aus täglicher Erfahrung um die Gebrochenheit in kirchlichen Institutionen. Ich weiss auch um die Schwerfälligkeit der Amtskirche, wenn es darum geht, die je neu notwendigen Anpassungen im Wandel der Zeit, sowohl inhaltlich wie strukturell, vorzunehmen.

Im Gespräch mit Menschen, die an der Kirche leiden, weil sie nicht jene Nahrung bekommen, die sie so dringend bräuchten, denke ich oft an einen Text von Gertrud von le Fort aus „Hymne an die Kirche".

*„Wer errettet meine Seele vor den Worten der Menschen?
Sie tönen aus der Ferne wie Posaunen,
aber wenn sie nahe kommen, tragen sie nur Schellen.
Sie drängen sich hervor mit Fahnen und Wimpeln,
aber wenn der Wind aufsteht, zerflattert ihr Gepränge.
Höret, ihr Lauten und Vermessnen, ihr Wetterflücht'gen
des Geistes und ihr Kinder eurer Willkür:
Wir sind verdurstet bei euren Quellen, wir sind verhungert
bei eurer Speise, wir sind blind geworden bei euren Lampen!
Ihr seid wie eine Strasse, die nie ankommt,
ihr seid wie lauter kleine Schritte um euch selber!
Ihr seid wie ein treibendes Gewässer,
immer ist in eurem Munde euer eignes Rauschen!
Ihr seid heute eurer Wahrheit Wiege,
und morgen seid ihr auch ihr Grab!
Wehe euch, die ihr uns mit Händen greifet:
eine Seele kann man nur mit Gott fangen!
Wehe euch, die ihr uns mit Bechern tränket:
einer Seele soll man die Ewigkeit geben!
Wehe, die ihr euer eitles Herz lehrt!
Denn wen Gott reden heisst, den heisst er schweigen,
und wen sein Geist entzündet, der erlischt."*

In diesem Anklagen an die Diener des Wortes in der Kirche scheint mir eine Befindlichkeit ausgedrückt, die Christinnen und Christen heute überall in der Welt ähnlich erleben. Soweit zur Gegenwart.
Werfe ich einen Blick zurück auf die 2000 Jahre alte Kirchengeschichte, so begegne ich wiederum der lebensspendenden wie auch der lebenstötenden Seite dieser Institution. Es ist für mich nicht schwer zu sehen, dass die christlichen Kirchen unaussprechlichen Segen auf diesen Planeten gebracht haben. In und durch die Kirche Christi ist Unersetzliches zur Humanisierung der Menschheit gewachsen. Und wiederum gilt ebenso die Kehrseite: Die gleiche Kirche hat unvor-

stellbares Elend auf die Erde gebracht. Wie konnte, um nur ein Beispiel zu nennen, der Massenmord an den Juden in einem christlich geprägten Volk entstehen? Wie konnten Millionen Menschen vernichtet werden innerhalb einer Kultur, die geprägt ist von einer Religion, in deren Zentrum die Liebe zu Gott, zum Nächsten, zu mir selber, zu meinen Freunden und Feinden steht? Die Antwort auf diese Fragen steht noch aus. Meiner Ansicht nach ist die Beantwortung dieser Fragen aber unumgänglich. Auch die Institution Kirche kommt nicht darum herum, sich um jene Selbsterkenntnis zu bemühen, welche hilft, Irrtümer, Ungerechtigkeiten und Lieblosigkeiten der Vergangenheit einzugestehen und in einem offenen, demütigen „mea culpa" der Welt zu zeigen, dass sie selber lebt, was sie von aller Welt verlangt: Metanoia, Umkehr, Schritte der Versöhnung und Wandlung.
Trotzdem! Trotz all der Irrtümer, Fehler, trotz aller Sünden und Schuld der Kirche: Ich liebe diese Kirche! Sie ist für mich die sichtbare Gestalt der Wirklichkeit Christi und daher die Mutterzelle „der neuen Schöpfung" (2 Kor 5,17). Sie ist jene Gestalt im Universum, durch welche manifestiert wird, was in der Tiefe der Schöpfung im Kleinen schon immer west: Das Gestalt gewordene und je neu Gestalt werdende Wort Gottes! Trotz all ihrer Beschränkungen und Missbildungen ist es die Aufgabe der Kirche, die Schöpfung für Christus zu öffnen und Ihn in der Welt aufscheinen zu lassen.

Der Dialog mit VertreterInnen anderer Weltreligionen verstärkt in mir die Toleranz meiner eigenen Kirche gegenüber. Gerade im interreligiösen Dialog erfahre ich, dass nicht nur die christlichen Kirchen vor der Aufgabe stehen, ihre Inhalte in einer dem heutigen Bewusstsein entsprechenden Weise neu auszusagen.
Andere Weltreligionen ringen mit ähnlichen Problemen und Fragen. Was die Strukturen anbetrifft, so erlebe ich diese in

anderen Religionen zum Teil noch hierarchischer als zum Beispiel in der katholischen Kirche.
Die katholische Kirche hat im 2. Vatikanischen Konzil Samen für die zur Heilung unseres Planeten so dringend nötige Weltökumene gesät und mit dem „Päpstlichen Rat für den interreligiösen Dialog" gute Wachstumsbedingungen für diese Samen geschaffen. Möchte sie sich doch noch mutiger auf den Dialog des Lebens und der Erfahrung einlassen und sich „katholisch", d.h. die Erde umspannend, verhalten. Möge sie sich doch mutig auf den Dialog zwischen den christlichen Konfessionen wie auch auf den interreligiösen Dialog einlassen, ohne Angst, die eigene Identität zu verlieren. Da, wo die christliche Identität im Kontakt mit den nichtchristlichen Religionen gefährdet wird, ist diese Identität wohl eher Ausdruck von „unmündigem Glauben" als von jener Glaubenserfahrung, die ihre Wurzeln in der personalen Begegnung mit Jesus, dem Christus, hat.

Wie in diesem Buch schon öfters erwähnt, mehren sich in unserer Zeit die Stimmen jener Menschen, die erfahren, dass das Universum dabei ist, sich zu personalisieren, und dass der Erde in diesem Prozess eine besondere Bedeutung zukommt. Will die katholische Kirche die ihr in diesem Prozess der Personalisierung zukommende Aufgabe übernehmen, so ist es unerlässlich, dass sie sich wahrhaft „katholisch", d.h. offen und erdumspannend verhält und sich mit allen Bestrebungen verbindet, die diesen Prozess begünstigen. Tut sie dies, wird sie eine neue oekumenische Haltung annehmen, eine neue oekumenische Sprache sprechen lernen und darauf verzichten, ihr Selbstverständnis Angehörigen anderer Religionen überzustülpen. Formulierungen wie: „Aus christlicher Sicht wird dies so gedeutet, aus buddhistischer, hinduistischer oder islamischer Sicht wird dies so gedeutet", werden zur Alltagssprache der Christinnen und Christen der Zukunft gehören. In

einer solchen echt „katholischen" Offenheit, die alle Kleinlichkeit und Enge im Angesicht der grossen Aufgabe der heutigen Zeit überwindet, wird die Kirche die selber am meisten Beschenkte sein. Gerade in der Begegnung mit den nichtchristlichen Religionen wird sie erfahren, dass die Christuswirklichkeit je grösser ist als unser Erkennen, dass sie unsere Lehrsätze, Dogmen und Konziltexte übersteigt.
Ein ebenso wichtiger Schritt wäre eine Strukturveränderung bezüglich des Miteinander von Männern und Frauen in der Kirche, vor allem im Bereich jener Ämter und Funktionen, die bisher nur den Männern vorbehalten waren. Es ist nicht zu übersehen, dass die Kirche spirituell immer ärmer wird, wenn sie nicht zur ganzheitlichen Integration beider Geschlechter willig und fähig wird. Mit dem Ausschluss der Frau aus der Amtskirche beraubt sie sich einer Kraft, ohne welche die unumgängliche Erneuerung nicht möglich ist. Der Universale Christus will uns in jeder Zeit in neue Räume führen und hält immer neue Überraschungen für uns bereit.

Unser Planet entwickelte sich während Millionen von Jahren und ist gerade dabei, in eine neue Phase seiner Entwicklung einzutreten. Die Kirche Christi ist in diesem Vergleich äusserst jung. Sie ist wahrscheinlich gerade alt genug, um sich das erste Mal ganzheitlich „häuten" zu können, wie dies bei jedem lebendigen Organismus regelmässig vorkommt. Sie wird sich „häuten" und jene neue Gestalt finden, die ihr in einem sich in Christus personalisierenden Universum für die nächste Zeit angemessen ist.

Die folgende Visualisierungsübung hilft mir, die Wandlungsmöglichkeiten der Kirche und ihre mögliche neue Gestalt zu erahnen, sie in ihren verschiedenen Facetten zu sehen und trotz allem zu lieben:

Ich visualisiere den Bildschirm. Ich lasse ein Bild der Kirche in mir entstehen, das Ausdruck dessen ist, wie ich Kirche heute erlebe. Ich habe den Mut, die Schwächen, Fehler, Ungerechtigkeiten und Irrtümer der Kirche ebenso zu sehen wie ihre segensreichen Dimensionen.

Ich nehme den Schwamm und wische das Bild sorgfältig und langsam aus.

Ich lasse mir von Christus ein Bild der Kirche schenken, wie sie seinem Wesen und Willen entspricht.

Ich habe den Mut, die Kirche als lebendigen, sich ständig erneuernden Organismus zu sehen, der in der Kraft des Heiligen Geistes und in Eintracht mit allen anderen Religionen der Welt, zum Wohle und inneren Wachstum der Menschheit und Schöpfung wirkt.

Zur Entstehung dieses Buches

Es geschah in der Marienkirche in Basel. Ich war 22 Jahre alt und besuchte die Fürsorgerinnen-Schule des St. Katharina-Werkes. Die Schülerinnen nahmen oft am frühen Morgen am Gottesdienst teil. Ich erinnere mich lebhaft an jene Eucharistiefeier. Ich sass an meinem gewohnten Platz. Es war kurz vor der Kommunion, als ich jene „Stimme ohne Stimme" in mir hörte, die ich seit meinem sechsten Lebensjahr kenne und die mein Leben in allen wichtigen Entscheidungen und Übergängen leitet. An jenem Morgen konfrontierte sie mich mit Fragen: „Und wenn dein Weg dich ins Kloster führen würde? Würdest du ja sagen? Und wenn dich dein Weg ins St. Katharina-Werk führen würde? Würdest du ja sagen?"

Ich erinnere mich, dass diese Fragen so unerwartet, so gänzlich unvermittelt und ohne Vorbereitung in mir wirkten, dass mir vor Schreck übel wurde. Ich sprach mit niemandem über dieses Erlebnis und verdrängte die Fragen während vier Jahren erfolgreich. Ich vergass sie.
Nach vier Jahren wurden sie erneut lebendig. Unüberhörbar war die Frage wieder da. „Wirst du ja sagen, wenn ich dich ins St. Katharina-Werk führe?" Als ich 1967, am Fest der heiligen Katharina von Siena, ins Werk eintrat, war dieser Schritt ein Gehorchen dem inneren Rufen. Da war damals nichts, was mich äusserlich ins St. Katharina-Werk gezogen hätte. Die 1913 gegründete Schwesterngemeinschaft, die sich vorwiegend der Betreuung von schwererziehbaren Jugendlichen widmete und dafür in der ganzen Schweiz während Jahrzehnten Unterstützung und Anerkennung gefunden hatte, befand sich in einer Krise. Es war eine Identitätskrise, wie sie so viele religiöse und weltliche Institutionen in den 60er Jahren durchmachten.

Die von der Baslerin Frieda Albiez ins Leben gerufene und von Sr. Marie-Elisabeth Feigenwinter zum „Säkularinstitut" weiterentwickelte Institution schlug sich mit der Frage herum, was denn ein Säkularinstitut von einer klösterlichen Gemeinschaft unterscheide. Die Wesensbestimmung des Säkularinstitutes, von der Kirche erst in den 40er Jahren als neue Form der religiösen Gemeinschaft zugelassen, besteht darin, die Weihe an Gott mitten in der Welt zu leben.

Wie aber sah dies konkret aus? Was bedeutete die in den kirchlichen Dokumenten viel zitierte „Welthaftigkeit" der Säkularinstitute? Meine Ausbildungszeit (Kandidatur und Noviziat) war voll solcher Fragen. Die erst in den 50er Jahren von Sr. Marie-Elisabeth Feigenwinter erarbeiteten und von der Kirche anerkannten Konstitutionen des St. Katharina-Werkes waren schon wieder überholt. Sie wurden 1971 von Alma Mayer, der damaligen Generalleiterin, und dem damaligen Generalrat durch Übergangsrichtlinien ersetzt.

Da die alte Identität nicht mehr trug, die neue aber noch nicht geboren war, blieben die meisten meiner Fragen an meine beiden Ausbildungsleiterinnen unbeantwortet: Was bedeuten die evangelischen Räte Armut, Gehorsam und Jungfräulichkeit für einen Menschen, der mitten in der Welt lebt? Wie sieht Gehorsam für jemanden aus, der mitten in all den komplexen Zusammenhängen und Fragen der heutigen Zeit Orientierung sucht? Was ist mit Jungfräulichkeit gemeint? Ist es möglich, die sexuelle Energie so zu gestalten, dass sie, statt verdrängt zu werden, zur schöpferischen Quelle wird? All diese Fragen lösten bei meinen Ausbildungsleiterinnen Hilflosigkeit aus. Die neuen Richtlinien, welche die alten Konstitutionen ablösten, zeigten zwar eine Richtung an, in der ein gemeinsamer Suchprozess erfolgen sollte, aber sie enthielten keine Antworten, die den Ausbildungsleiterinnen geholfen hätten, Antworten auf neue, sie bedrängende Fragen zu finden.

In dieser schwierigen Situation drückte mir Sr. Martha Weibel, meine „Novizenmeisterin", das Konzilskompendium in die Hand. Danach bekamen unsere Gespräche eine neue Dynamik. Mit wachsendem Staunen las ich die Dekrete, Konstitutionen und Erklärungen des 2. Vatikanischen Konzils. Eine neue Welt tat sich vor mir auf. In der Konstitution über „Die Kirche in der Welt von heute" (Gaudium et Spes), im „Dekret über die zeitgemässe Erneuerung des Ordenslebens" (Perfectae caritatis), in der „Erklärung über das Verhältnis der Kirche zu den nichtchristlichen Religionen" (Nostra aetate) oder in der „Erklärung über die Religionsfreiheit" (Dignitatis humanae) waren Schätze verborgen. In diesen Texten fand ich die Antworten, die ich suchte. In der Folge stellte ich Sr. Martha weniger Fragen nach dem Leitbild bezüglich des Lebens aus Gott mitten in der Welt. Vielmehr fragte ich sie nach der konkreten Umsetzung der Ideale. Diese Fragen lösten erneut Hilflosigkeit bei ihr aus: Das Konzil sei eben erst zu Ende gegangen. Noch hätten die neuen Sichtweisen das Leben und die Strukturen der Kirche kaum verändert. Es bräuchte den Einsatz von uns allen, aus den Dekreten und Erklärungen neues Leben entstehen zu lassen. „Kritisiere und fordere nicht nur von der Kirche. Sei selber Kirche." Das war Sr. Marthas Rat und Aufforderung an mich. Ihre Worte haben unauslöschbare Spuren in mir hinterlassen.

In den folgenden Jahren habe ich bei der Arbeit in verschiedenen Institutionen des St. Katharina-Werkes diesen Rat zu befolgen versucht. Es war eine Zeit, die überall nach Reformen rief. Nicht nur die Spiritualität der Gemeinschaft rief nach Erneuerung, auch die erzieherischen Einrichtungen und pädagogischen Konzepte verlangten nach Anpassung an ein neues Bewusstsein. Als Pädagogin, Psychologin und Psychotherapeutin sammelte ich Erfahrungen im Verändern und Neukonzipieren unserer verschiedenen Institutionen. Trotz dieser Arbeit und den damit verbundenen Einsichten und auch Erfolgen, kam ich zu Beginn der 80er Jahre in eine Krise. Die Wahl der Generalleiterin stand bevor. Es zeichnete sich ab, dass die Wahl auf mich zukam. Diese Aussicht machte mir Angst. Zwar hatten wir miteinander daran gearbeitet, unsere erzieherischen Einrichtungen dem aufbrechenden, neuen Bewusstsein anzupassen, aber die Gemeinschaft selber war noch immer ohne neue Konstitutionen. Noch immer war unklar, wie das Charisma der Gründergeneration in die neue Zeit hinein formuliert und eingeübt werden sollte. Da sich nach meinem Eintritt während nahezu 10 Jahren keine Kandidatinnen gemeldet hatten, wurde das Fehlen einer klaren Identität und klaren Ausbildungsgrundlage auch kaum vermisst. Wir hatten genug zu tun mit der Reform der pädagogischen Institutionen. Die Erneuerung der Gesamtspiritualität, wie sie vom 2. Vatikanischen Konzil vorgeschlagen und von Alma Mayer in den Übergangsrichtlinien eingeleitet wurde, blieb stecken. Nur das Protokoll des Generalkapitels von 1977 war vorhanden. Ein Protokoll, das mich heute noch fasziniert. Es enthält eine Vision. Die Vision einer Gemeinschaft von Frauen, Männern und Ehepaaren, in der sich die verschiedenen Gruppen darin unterstützen und ergänzen, die Weihe an Christus mitten in der Welt zu leben.

Ich hatte jenem Generalkapitel vorgeschlagen, die Gemeinschaft universell zu öffnen. Die Delegierten, eine Gruppe von älteren Frauen, nahmen diesen Vorschlag an. Christus weiss, wie er ihnen den Mut dazu gab. Sofort nach dieser Entscheidung kamen neue Kandidatinnen und Kandidaten. Als ich zu Beginn der 80er Jahre die Wahl zur Generalleiterin auf mich zukommen sah, wusste ich, dass in der neuen Amtsperiode die überfällige Erneuerung der Spiritualität und, damit zusammenhängend, die Veränderung der Strukturen unausweichlich wurden. Und da sass meine Angst. Wie sollte ich dies tun? Ich hatte eine pädagogisch-psychologische Ausbildung. Ich hatte Erfahrung im Bereich der Nacherziehung und Therapie von verhaltensgestörten Jugendlichen. In diesem Gebiet war es mir möglich, Neues zu suchen und zu finden. Wie aber sollte ich eine Spiritualität erneuern? Während Wochen wurde ich von dieser Frage umgetrieben. Wie konnte ich mich auf diese Aufgabe vorbereiten? War dazu nicht ein Theologiestudium erforderlich? In schlaflosen Nächten bat ich um Führung und Weisung. In dieser Zeit wurde ich erneut von der inneren Stimme geleitet.

Eines Morgens war die Antwort da, in jener Klarheit, Einfachheit und in jener Atmosphäre des „Aha-Erlebnisses", die die innere Stimme immer begleitet. Meine Unruhe war schlagartig vorbei. „Du brauchst nicht Theologie zu studieren, um Deiner zukünftigen Aufgabe gewachsen zu sein. Geh an die Quelle der Kontemplation! Geh nach Japan zur Meditation! Alles andere wird dir zur Zeit gegeben werden." Den Botschaften, die in dieser Eindringlichkeit und Klarheit in mein Bewusstsein treten, gehorche ich immer. Auch dann, wenn andere Stimmen in mir die innere Stimme kritisch hinterfragen und Zweifel in mir auslösen. So auch damals. Ich meldete mich sofort bei Alma Mayer, der damaligen Generalleiterin. Ich sagte zu ihr: „Sollte ich wirklich das Amt der Generalleiterin zu übernehmen haben in einer Zeit, wo dringend neue Konstitutionen geschrieben und die Spiritualität der Gründergeneration neu ausgesagt werden müssen, werde ich nach Japan gehen, um dort in der Zen-Meditation, die ich seit zehn Jahren praktiziere, weitergeführt zu werden. Die Japanaufenthalte werden meine Ausbildung sein für das, was ich zu tun habe".

Seit jenem Gespräch sind 12 Jahre vergangen. Zusammen mit der ganzen Gemeinschaft, mit jedem einzelnen Mitglied suchte ich in diesen Jahren nach Möglichkeiten, das Charisma der Gründergeneration des St. Katharina-Werkes für die heutige Zeit neu auszusagen, einzuüben und fruchtbar werden zu lassen. In diesem Suchen wurde ich wesentlich von Teilhard de Chardins Welt- und Menschenbild inspiriert, insbesondere in der Frage, wie denn die grosse Vision des 2. Vatikanischen Konzils konkret werden könnte.

Nach Teilhard ist das Universum seit Beginn seiner Entwicklung in einem Prozess psychischer Konzentration. Die Energie, die diesen Prozess vorantreibt, ist die Liebe, von der Teilhard sagt, dass sie die universellste, ungeheuerlichste und geheimnisvollste der kosmischen Energien ist. Seiner Ansicht nach wäre die aussagestärkste Weise, die Evolution zu beschreiben, der Evolution der Liebe nachzuspüren. Teilhard war fasziniert vom evolutiven Gesetz der „integrierenden Vereinigung", das in allen Phasen der Entwicklung, von der Kosmogenese (Entstehung der Materie) über die Biogenese (Entstehung des Lebens) bis zur Anthropogenese (Entstehung des Menschen) wirksam ist. Von der Kosmogenese bis zur Anthropogenese stellte er eine aufsteigende Linie des Bewusstseins fest. Sie vollzieht sich in allen Phasen nach dem gleichen Gesetz. Aus ständig neuen Vereinigungen entsteht immer komplexeres und differenzierteres Leben, das mit einer zunehmenden Intensivierung des Bewusstseins verbunden ist. Die evolutive Linie zeigte sich Teilhard als eine Bewegung von einfachen zu immer komplexeren Gebilden, zu psychisch immer verinnerlichteren Zuständen.

Diese Sicht der Wirklichkeit hat mich tief berührt, insbesondere das Gesetz der integrierenden Vereinigung. Es bedeutet, dass die Evolution im Menschen weitergeht. Mit anderen Worten: Je mehr es uns gelingt, uns zu vereinigen, d.h. psychische Nähe zu leben, umso mehr geht die Evolution in uns weiter in Richtung grösserer Humanisation.

Da ich ein praktisch veranlagter Mensch bin, berühren mich theoretische Entwürfe immer nur soweit, als sie dem konkreten Leben standhalten und uns zu neuen Schritten zu inspirieren vermögen. So erging es mir auch mit Teilhards Behauptung, dass über das Erlernen von mehr psychischer Nähe brachliegende Personalisationsreserven in uns geweckt würden. Zusammen mit der ganzen Gemeinschaft versuchte ich, diese Aussage zu erproben. Bei der Erneuerung von Spiritualität und Strukturen, entsprechend dem 2. Vatikanischen Konzil, suchten wir daher immer wieder, welche Elemente grössere Vereinigungen begünstigen und fördern, und wie wir fähig werden, grössere psychische Nähe zu leben.

Die Fragestellungen, die uns dabei leiteten, lauteten folgendermassen:
Stimmt es wirklich, dass über Vereinigungen, sprich tiefere Begegnungen unter den verschiedensten Menschen, noch brachliegende Personalisationsreserven, d.h. brachliegende Kräfte und Begabungen geweckt werden?
Stimmt es wirklich, dass echte Vereinigung, d.h. tiefere psychische Nähe, nicht zur Auflösung des Personseins, wie Teilhard behauptete, sondern zum grösseren Bei-sich-sein führt?
Übertragen in psychologische Sprache: Stimmt es wirklich, dass es darum geht, durch symbiotische Verschmelzungsängste hindurch zu gehen? Kann dann erfahren werden, dass dadurch tieferes Bei-sich-sein, d.h. klarere Identität entsteht?

Alle unsere Institutionen wurden zu Versuchslaboratorien, entsprechend dem Auftrag von Papst Paul II., der 1976 den Mitgliedern der Säkularinstitute folgende Weisung gab: „Wenn sie ihrer eigenen Berufung treu bleiben, werden die Säkularinstitute gleichsam das Versuchslaboratorium, in dem die Kirche die konkreten Weisen ihrer Beziehungen zur Welt

überprüft". Alle Mitglieder des Werkes, von den jüngsten bis zu den ältesten, haben gemeinsam gesucht, geforscht und experimentiert. Alle haben das ihnen Mögliche dazu beigetragen, um mit ihrem Leben eine Antwort auf die Fragen zu finden:
Wie können wir lernen, grössere psychische Nähe zu leben, um damit die integrierende Vereinigung, die Treibkraft aller Evolution ist, zu stützen?
Was bedeutet es, mitten in der Welt aus Gott zu leben?

Uns war klar, dass neue Kommunikationsformen der Einübung bedürfen. Neuer Wein kann nicht in alte Schläuche gegossen werden!
Aus diesen Überlegungen heraus veränderten wir in allen unseren Institutionen die Strukturen. Die hierarchischen Leitungen wurden aufgelöst zugunsten kollegialer Leitungen.
Im Tages-, Wochen- oder Jahresablauf wurden Zeiten eingeplant, in welchen wir anhand von vier Lernschritten die zur integrierenden Vereinigung nötigen neuen Kommunikationsformen miteinander einübten.
Die vier Schritte heissen:

1. *Erlernen von Transparenz*, d.h. Erlernen eines Kommunikationsstiles, in dem die persönlichen Einstellungen zu Werten und Normen (Menschenbild, Weltanschauung, etc.) transparent werden.
2. *Erlernen von Toleranz*, d.h. Erlernen der Zusammenarbeit im pluralistischen Arbeitsteam, mit der dazu erforderlichen Bereitschaft, trotz Verschiedenheit um eines gemeinsamen Zieles willen, echte Kompromisse zu schliessen.
3. *Erlernen von konstruktiver Konfliktlösung*, d.h. Erlernen der Fähigkeit, Spannungen und Konflikte auf konstruktive Weise auszutragen.
4. *Erlernen von gemeinsam geteilter Verantwortung*, d.h. Erlernen jener vertieften Weise von Engagiertsein, welche die Rechte und Pflichten einer Leitung ausmachen.

Das Einüben neuer Kommunikationsformen verlief nicht problemlos. In den ersten Jahren löste die grössere psychische Nähe in allen eine psychische Umstrukturierung aus, die im Übergang Gleichgewichtsstörungen und Schmerzen mit sich brachte. Die gemeinsame Reflexion des Erlebten stärkte in uns aber die Überzeugung, dass es keine neue Synthese und keine grössere Ganzheitlichkeit ohne die dazugehörenden psychischen Umstrukturierungsprozesse gibt. Die Behauptung, dass über die „integrierende Vereinigung" brachliegende Personalisationsreserven in uns geweckt werden, wurde für uns alle zur Erfahrung. Ebenso prägend wurde aber auch die Erfahrung, dass die Krisen des Übergangs nur in der Liebe und Kraft Christi durchgestanden werden können. Ohne die gemeinsame spirituelle Mitte hätten wir nicht durchgehalten.

Das Resultat unseres gemeinsamen Prozesses ist dieses Buch. Viele Freunde und Freundinnen haben uns gebeten, unseren Weg auch anderen mitzuteilen. Die Texte werden daher so veröffentlicht, wie wir sie selber gebrauchen. Die einzelnen Kapitel werden durch Fragen, Übungen, Gebete und Erfahrungsberichte ergänzt. Psychologische Hilfen und Techniken, um uns für die geistige Dimension zu öffnen, sind ein entscheidender Bestandteil auf dem Weg nach innen. Im Bestreben, eine Sprache zu sprechen, die den Erfahrungen und dem Bewusstsein heutiger Menschen entspricht, haben wir unter anderem Begriffe des evolutiven Weltbildes und der Transpersonalen Psychologie verwendet. Formulierungen wie „Gottesgeburt", „Dunkler Abgrund der Gottheit" entnehmen wir der christlichen Tradition.

Ich fühle mich in tiefer Dankbarkeit der Gründergeneration des St. Katharina-Werkes verbunden, wie auch allen Schwestern und Brüdern, die in den vergangenen zehn Jahren mit mir nach neuen Strukturen gesucht, neue Kommunikationsformen eingeleitet und um einen neuen Umgang mit Macht gerungen haben.

Besonders stolz bin ich auf unsere ältesten Mitglieder, die alle unsere Vorhaben mit ihrem Vertrauen, ihrem Gebet und mit ihrer Begeisterung mittragen.

Ich denke auch mit Ehrfurcht an meine buddhistischen Lehrer Yamada Koun Roshi in Kamakura, Japan, und Aitken Roshi in Hawaii, die mich auf dem Zen-Weg geführt haben. Ohne den durch die Zen-Meditation geöffneten Blick wäre es mir nicht möglich gewesen, von den Schätzen der christlichen Tradition so tief berührt zu werden.

Ich denke an Pater Hugo Enomiya Lassalle SJ, durch den ich die Zen-Meditation kennenlernte. Pater Lassalle war für mich ein lebendiges Beispiel gelebter Weltökumene. In ihm sah ich verwirklicht, was in den programmatischen Konzilstexten von „Nostra aetate" und „Unitatis redintegratio" aufleuchtet. Pater Lassalle war für mich ein lebendiges Beispiel für den „Erfahrungsdialog", wie ihn die Konzilstexte fordern.

Dankbar bin ich den geistigen Lehrern und Lehrerinnen der Gemeinschaft, die unser Leben inspirieren und prägen. Vor allem Katharina von Siena, die uns durch ihr Beispiel die Augen für die spirituell-politische Dimension der christlichen Botschaft öffnet und uns ermutigt, entsprechend zu handeln. Dank sei Teilhard de Chardin, dessen leidenschaftliche Liebe zu Christus und zur Welt für uns alle eine Quelle der Inspiration bedeutet.

Diese Schrift enthält „christliche Elemente" für den „neuen Menschen" und die „neue Menschheit". Möge sie viele Freunde und Freundinnen anregen, ihr Leben Christus zu weihen im Dienst an der Versöhnung für das Wachstum von Einheit und Liebe in der Welt.

Juli 1993 Pia Gyger

Konzept zur spirituell-politischen Bewusstseinsentwicklung

I. Träger

Träger des Projektes zur spirituell-politischen Bewusstseinsentwicklung ist das St. Katharina-Werk in Basel, Schweiz. Das St. Katharina-Werk ist ein katholisches Säkularinstitut mit stark ökumenischem Charakter. Schwerpunkt der Gemeinschaft ist „Dienst an der Versöhnung für Einheit und Wachstum der Welt".
In der spirituellen Ausbildung ihrer Mitglieder schenkt die Gemeinschaft der Entfaltung der Versöhnungskräfte zentrale Aufmerksamkeit. Dabei entdeckt sie immer deutlicher, dass Versöhnung wesensmässig nicht nur eine individuelle persönliche Angelegenheit ist. Wer sich entschieden auf den „Dienst an der Versöhnung" (2. Kor 5, 17) einlässt, wird unweigerlich in die spirituell-politische Dimension hineingeführt.
Deshalb plant das St. Katharina-Werk neben seinen bestehenden Institutionen (Haus der Begegnung und Versöhnung, Teufen, Appenzell; Ort der ganzheitlichen Heilung und des Heilwerdens in der Begegnungsstätte Lucelle, Jura) ein Zentrum zur Begegnung der Weltreligionen sowie das Institut zur spirituell-politischen Bewusstseinsentwicklung.

II. Das Projekt

Alle Menschen auf dem Planeten Erde sind aufeinander verwiesen und voneinander abhängig. Diese Einsicht holt uns in allen Lebensbereichen ein.
Führende Wissenschaftler zeigen uns auf, dass die Erde sich verhält wie ein lebendiger Organismus, der dabei ist, in eine neue Phase der Entwicklung einzutreten. Sie tut dies nach dem gleichen Gesetz, nach dem sich ihre Entwicklung bis anhin vollzog; nach dem Gesetz der integrierenden Vereinigung.

Das bedeutet: Die Erde entwickelt sich in allen Phasen ihrer Geschichte über je neue Vereinigungen: Elementarteilchen ziehen sich an, Atome verbinden sich, Zellen werden zum Zellverband und Menschen werden zur Menschheit. Heute wird, unter dem Druck des raschen Wachstums der Erdbevölkerung (eine halbe Million pro Tag) und dem sich ständig erweiternden Aktionsradius des Individuums, die Menschheit immer mehr in sich zusammengedrängt. Dieser Prozess birgt in sich grosse Gefahren und Krisen, aber auch eine grosse Chance. Die Chance nämlich, dass sich die Menschheit planetisiert, d.h. zu einem einheitlichen Organismus entwickelt. Die Planetisation der Menschheit gelingt umso eher, als wir uns ihrer evolutiven Gesetzmässigkeiten und ihrer Prinzipien bewusst werden. Deshalb sollen im folgenden die Prinzipien, die beim Übergang vom Einzelmenschen zum Organismus Menschheit wirksam sind, dargestellt und erläutert werden.

Die evolutiven Pinzipien sind in Anlehnung an Teilhard de Chardins Welt- und Menschenbild formuliert.
Die Erläuterungen basieren vor allem auf den Veröffentlichungen „Daten zur Weltentwicklung" 1991, „Stiftung Entwicklung und Frieden" und „Die globale Revolution" (Bericht des „Club of Rome" 1991).

1. Das Prinzip der integrierenden Vereinigung

In allen Phasen der Evolution ist das stets gleiche Gesetz wirksam: Durch Vereinigung Teil eines Grösseren zu werden. Jede neue Vereinigung bedeutet eine komplexere Anordnung der Materie, eine neue Gestalt und ein Mehr an Bewusstsein.

Erläuterung
In der Kosmogenese (Entstehung der Materie) ist ein elementares Bewusstsein am Werk. Die Atome „wissen", wie sie sich vereinigen müssen.
In der Biogenese (Entstehung von Pflanzen und Tieren) ist ein vitales Bewusstsein am Werk. Pflanzen und Tiere „wissen", wie sie sich ernähren und fortpflanzen müssen.
In der Anthropogenese (Entstehung des Menschen) ist das selbstreflektierende Bewusstsein am Werk. Die Menschen wissen, dass sie wissen. Doch damit ist der Aufstieg des Bewusstseins nicht

zu Ende. Die Evolution geht im Menschen weiter, und zwar nach dem gleichen Gesetz wie bisher, nämlich nach dem Gesetz der integrierenden Vereinigung.

Allerdings erfährt dieses Prinzip im jetzigen Stadium der Entwicklung der Menschheit eine Umpolung: Befand sich die werdende Menschheit auf dem Planeten Erde bisher in einer Expansionsphase, so ist, da die geschlossene Erdoberfläche eine weitere Expansion unmöglich macht, heute eine Kompressionsphase festzustellen.
Der bereits erwähnte planetare Druck (Bevölkerungsexplosion, wachsender Aktionsradius des Individuums, globale Abhängigkeit und Verflechtung auf allen Ebenen) zwingt die Menschheit, sich immer besser und sinnvoller zu organisieren. Ausdruck dafür sind z.B. die überall entstehenden Vereinigungen transnationaler Organisationen: Die Vereinten Nationen (UNO) als wichtigste Instanz zwischen dem Recht einzelner Völker und dem Weltrecht, die wachsende Europäische Gemeinschaft, die Arabische Liga, die Organisation Amerikanischer Staaten, die Organisation für Afrikanische Einheit, die Vereinigung Süd-Ost-Asiatischer Organisationen, die Karibische Gemeinschaft, das Forum Südpazifik usw.
Es ist unübersehbar: Die „integrierende Vereinigung" der Menschheit auf dem Planeten Erde geht weiter.

2. Das Prinzip der wachsenden Personalisation und Sozialisation

Die Evolution hört nicht im Menschen auf, sondern geht weiter, in Richtung grösserer Personalisation und Sozialisation. In dem Masse, wie Menschen sich psychisch näher kommen und vereinigen, werden die Reserven zur Personalisation und Sozialisation, die in den Einzelmenschen, Völkern, Rassen und Nationen noch schlummern, geweckt.

Erläuterung
Die wachsende Personalisation und Sozialisation manifestiert sich in einem nicht mehr unterdrückbaren Bedürfnis sowohl der Individuen wie auch ganzer Völker nach Eigenverantwortung, Selbst-

bestimmung und Selbstkompetenz. Der Anspruch, die im Individuum, wie auch in ganzen Völkergruppen angelegten Kräfte und Talente freizulegen und zu entfalten, ist nicht mehr übersehbar.
Die wachsende Personalisation zeigt sich auch im Übergang vom „Informationszeitalter" zum „Bewusstseinszeitalter". In wenigen Jahrzehnten wird die Zahl der Menschen, die sich mit der Entfaltung des menschlichen Bewusstseins auseinandersetzen, die Gruppe jener, die im Informationssektor arbeiten, überholt haben.
Die wachsende Sozialisation geschieht zwar zur Zeit noch mehr aus Angst vor dem globalen Tod, als aus gegenseitiger Verantwortung, Solidarität und Sympathie. Das ändert nichts daran, dass immer mehr Menschen zu verstehen beginnen, dass das friedliche Zusammenleben der Rassen, Nationen, Kulturen und Religionen gelingen muss, wollen wir als Menschheit überleben.
Trotz den weltweiten Menschenrechtsverletzungen, trotz Militärregimen, Terror, Apartheid und Todesschwadronen, sind die Forderungen nach Universalisierung der politischen und sozialen Menschenrechte noch nie so deutlich gesehen und ausgesprochen worden wie in unserer Zeit.

3. Das Prinzip der Nicht-Verschmelzung

Echte Vereinigung führt nicht zur Verschmelzung und zur Auflösung, sondern zum grösseren „Bei-sich-sein". Dies gilt sowohl auf individueller wie auch auf kollektiver Ebene.

Erläuterung
Individuelle Ebene: Symbiotische Verschmelzungsängste sind Hauptthemen in allen psychologisch-therapeutischen Auseinandersetzungen. Dieses Faktum ist Zeichen, dass das Überwinden von symbiotischen Beziehungen und Bindungen zugunsten von reiferer Nähe heute zu den wichtigsten Lernschritten der Menschheit gehört. Überall, wo Menschen bereit sind, durch die Ängste vor Selbstverlust durchzugehen, entwickelt sich in ihnen die Fähigkeit, eine neue Nähe zu leben. Eine Nähe, die nicht die Auflösung ihres Personseins zur Folge hat, sondern das Gegenteil, nämlich das grössere „Bei-sich-sein", d.h. eine durch die Vereinigungsprozesse bewusstere, entfaltetere und gestärktere Identität.

Das Erlernen psychischer Nähe ist eine evolutive Notwendigkeit.

Kollektive Ebene: Auf dem Weg zur Planetisation der Menschheit gilt das Gesetz der „Nicht-Verschmelzung" auch auf der Ebene der Völker. Echte Begegnung und Vereinigung mit anderen Völkern und Kulturen führt zur Ausweitung des Bewusstseins, zur Bereicherung und Revitalisierung der Volksidentität. Allerdings nur dann, wenn wirkliche Begegnung von Identitäten stattfindet. Auch hier gilt: nicht die Auflösung der Gegensätze, sondern die Vereinigung der Gegensätze weckt neue Kreativität und führt zu tieferer Selbsterkenntnis. Ähnlich wie auf der Ebene des Individuellen führen die Ängste vor Identitätsverlust auch auf kollektiver Ebene zu gefährlichen Ausschliessungs- und Verhärtungstendenzen. Der zunehmende Fremdenhass und Rechtsradikalismus ist Ausdruck der Angst, in der Begegnung mit der anderen Rasse und Kultur die eigene Identität zu verlieren.
Wir brauchen Politiker und Politikerinnen, die um das Gesetz der „Nicht-Verschmelzung" wissen und fähig sind, der Menschheit die Chancen der Begegnung und Vereinigung der Rassen und Völker aufzuzeigen.
Das Wissen um das Gesetz der „Nicht-Verschmelzung" und der richtige Umgang damit sind gerade in den nächsten Jahrzehnten von entscheidender Bedeutung.

4. Das Prinzip der Pluralität

Ohne Annahme der Pluralität gibt es weder auf der individuellen noch auf der kollektiven Ebene echte Vereinigung.

Erläuterung:
Die Verschiedenheit von Mensch zu Mensch ist Quelle des Leidens. Sie ist aber auch Quelle der Ergänzung, der Entwicklung und der Bereicherung, wenn wir den Mut haben, in die durch die Pluralität bedingte Spannung hineinzustehen und Vereinigung zu wagen - individuell und kollektiv.
Individuelle Ebene: Dass die Verschiedenheit von Mensch zu Mensch sowohl Quelle der Bereicherung wie auch des Leidens ist,

bedarf keiner Beweisführung. Jeder Mensch hat seine diesbezüglichen Erfahrungen. Wieviel Einsatz braucht es doch, bis zwei Menschen sich wirklich kennen, verstehen und lieben lernen.
Kollektive Ebene: Noch wenig bekannt und erlebt ist die in der Pluralität verborgene schöpferische Kraft und Energie auf Völkerebene, welche durch Begegnung und Vereinigung befreit werden kann. Noch ist unser kreativer Wille auf Völkerebene gelähmt, und zwar aus Angst vor der Mühsal, die das Annehmen der Pluralität bedeutet. Diese Mühsal ist nicht zu unterschätzen. Tatsächlich ist sie so gross, dass nur der planetare Druck, der uns unausweichlich vermischt und zusammendrängt, uns befähigen wird, die Mühsal der Pluralität auf Völkerebene zu bejahen. Ausdruck dieses planetaren Druckes sind z.B. die Völkerwanderungen, die schon die 80er Jahre zum Jahrzehnt der Flüchtlinge machten. Die Völkerwanderungen werden bis zum Jahr 2000 so stark zunehmen, dass wir nicht mehr darum herum kommen, das Gesetz der Pluralität ernst zu nehmen und anzunehmen. Ausgelöst durch die Globalisierung der Produktionsstrukturen, durch weltweite Veränderungen auf dem Arbeitsmarkt, durch Kriege, Hunger- und Umweltkatastrophen werden wir gezwungen, uns auch da dem Gesetz der Pluralität zu beugen, wo wir ihm sonst weiterhin ausweichen würden. Der Umfang der „innerstaatlichen Wanderungen" wird im Laufe der 90er Jahre schätzungsweise von 200 Mill. auf 500 Mill. ansteigen. Ohne das erwachende Bewusstsein, dass im Wesen der Pluralität für uns alle ein grosser Reichtum verborgen liegt, und dass in den Völkerwanderungen eine Chance für uns alle liegen kann, werden wir unfähig sein, die auf uns zukommenden Migrationsprobleme zu lösen.

5. Das Prinzip der Vereinigung durch Anstrengung und Mühe

Das Einswerden (in Pluralität, ohne Verschmelzung) verlangt das je neue Überwinden einer „ontologischen Trägheit", die ebenso zur Menschheit gehört, wie der Drang nach Vereinigung. „Soviel Vereinigung, soviel Leiden. Diese Gleichheitsrelation beherrscht alle Transformationen der Geistmaterie" (Teilhard de Chardin).

Erläuterung:
Die Landschaft der Weltpolitik hat sich grundlegend verändert. Es besteht die Chance, neue, gerechtere und dem Wohl aller dienende Strukturen zu schaffen. Dabei ist es noch ungewiss, ob es der Menschheit gelingt, dies auch zu tun. Sowohl die Prozesse in Deutschland nach dem Fall der Berliner Mauer, wie auch die Entwicklungen in der ehemaligen Sowjetunion zeigen, dass der Zusammenbruch alter, einengender Strukturen nicht genügt, um menschenwürdigere, gerechtere Situationen zu schaffen. Die durch den Zusammenbruch ausgelöste Gleichgewichtsstörung wirkt sich zunächst eher gegenteilig aus. Bevor neue Strukturen mit den dazugehörenden psychologischen, sozialen und politischen Zielsetzungen entstanden sind, nehmen Unsicherheit, Desorientierung und Angst zu. Dies führt wiederum zu Enttäuschung, Resignation und zu rechtsradikalen Auswüchsen.

Wir brauchen Politiker und Politikerinnen, die fähig sind, der sich vereinigenden Menschheit aufzuzeigen, dass die Einswerdung zwar eine Arbeit ist, die unser Menschsein bis an die Grenzen herausfordert, dass im Annehmen dieser Anstrengung mit den dazugehörenden Leiden und in der Überwindung unserer Trägheit aber die einzige Chance liegt, jenen Frieden zu verwirklichen, der die Weiterexistenz unseres Planeten ermöglicht. Wir brauchen Politiker und Politikerinnen, die um die Gleichheitsrelation „soviel Vereinigung, soviel Leiden" wissen und fähig sind, die Menschen und die Menschheit für die Arbeit an der Einheit zu motivieren. Den einzelnen Menschen wie den Völkern muss sowohl die Unausweichlichkeit dieser Anstrengung wie auch die darin enthaltene Verheissung einsichtig werden.

6. Das Prinzip der Metamorphose

Von einem bestimmten, kritischen Punkt an kann ein Organismus nicht mehr wachsen, ohne sich zu wandeln. Dieses evolutive Gesetz der Metamorphose gilt auch für die Menschheit.

Erläuterung:
Der evolutive Wandel, der stattgefunden hat beim Übergang vom Einzeller zum Vielzeller ist ein Beispiel, an dem sich zeigen lässt, was in analoger Weise geschehen muss bei der Geburt der Menschheit. Der Einzeller vermehrte sich durch Teilung. Vermehrung durch Zellteilung war der wichtigste Lebensinhalt des Einzellers. Dies veränderte sich, als der Einzeller begann, Geschwisterzellen zu integrieren. Sobald der Vielzeller entstanden war, musste sich die einzelne Zelle umstellen. Nicht mehr jede Zelle musste und durfte alles tun. Einzelne hatten Verantwortung zu übernehmen für die Fortbewegung, andere für die Ernährung, wieder andere für die Replikation usw. Die einzelne Zelle hatte sich den Gesamtzielen des Vielzellers anzupassen. Sie musste sich in ihrer Aktivität einerseits beschränken, andererseits spezialisieren. Das bisher hemmungslose Replikationsstreben, das der wichtigste Lebensinhalt des Einzellers war, wurde innerhalb der neuen Ganzheit zum tötenden Impuls, d.h. zur Krebszelle. Der Einzeller hatte zu lernen: „Nachbarzellen sind nicht Konkurrenten, sondern Verbündete" (C. Bresch). Die Umstellung vom „Ich" zum „Wir" auf der Ebene der Zellen war ein langer Prozess.

Eine ähnliche Metamorphose vollzieht sich heute in der Menschheit, die sich am Anfang der Planetisation befindet. Das Verständnis des evolutiven Gesetzes der Metamorphose hilft uns, die destruktiven Widerstände gegen die Transformation, die Körper, Seele und Geist umfasst, zu überwinden. Wir werden erfahren, dass durch die Vereinigung Energien und Kräfte freigesetzt, ja dass in uns neue Sinne geweckt werden! Der Sinn für die Menschheit, der Sinn für die Erde, der Sinn für den Kosmos.
Die Metamorphose innerhalb der Menschheit und der dazugehörige Wertewandel wirken sich aus in einer neuen Denkweise und in neuen gesellschaftlichen und politischen Strukturen.
Auf die Schweiz angewandt bedeutet dies z.B.: Will die Schweiz in der entstehenden europäischen Gemeinschaft ihren Platz einnehmen, so sind ähnliche Veränderungsprozesse nötig wie im letzten Jahrhundert, als sie sich vom Staatenbund zum Bundesstaat gewandelt hat. Die Neuordnung der Kompetenzen zwischen Bund und Kantonen verlangte ein Höchstmass an Kreativität. Es gelang der Schweiz,

eine neue Einheit zu gestalten, welche die Eigenart auf lokaler Ebene und die kulturellen Unterschiede nicht nur nicht gefährdete, sondern im Gegenteil potenziert hat (Das Gesetz der Nicht-Verschmelzung). Vor einem vergleichbaren Schritt steht die Schweiz heute, will sie in einem geeinten Europa ihre Aufgabe wahrnehmen. Je schneller die Schweiz fähig wird, die „Mühsal der Transformation" als evolutive Gesetzmässigkeit zu verstehen und den dazu gehörenden Wertewandel aktiv mitzugestalten, um so schneller kann sie im europäischen und weltweiten Integrationsprozess die wichtige Rolle übernehmen, die ihr dabei zusteht. Sie kann ihre Erfahrung im kreativen Umgang mit kultureller und sprachlicher Verschiedenheit wie auch die Erfahrung bei der Schaffung föderalistischer Strukturen einbringen. Dem Gesetz der Metamorphose entsprechend würde sie dabei für sich selber neue Lebensqualität und neues Gleichgewicht gewinnen. In dem Masse wie die Schweiz bereit ist, ihre Verantwortung als Volk zur europäischen und globalen Gemeinschaft wahrzunehmen, kann in der kommenden Generation wieder Abenteuer- und Forschergeist geweckt werden.
Wir brauchen in der Schweiz Politiker und Politikerinnen, die fähig sind, den kommenden Generationen ihre Verantwortung als BewohnerInnen eines der reichsten Länder des Planeten aufzuzeigen und die das in der Jugend schlummernde, kreative Potential an Abenteuer-, Forscher- und Eroberergeist auf jene Ziele lenken, die dem Wohle aller dienen.

7. Das Prinzip der Emergenz

Mit Emergenz bezeichnet man jenes schöpferische Geschehen in der Evolution, das wirksam wird, wenn durch integrierende Vereinigung eine neue Synthese und eine neue Gestalt entsteht; also etwas Neues auftaucht, d.h. emergiert. Das Neue, das emergiert, ist aus den früheren Gestalten und Zuständen nicht ableitbar, nicht voraussehbar und nicht manipulierbar.

Erläuterung:
In der evolutiven Entwicklung ist es zwar möglich, die Richtung, in welcher sich Veränderungen auswirken, zu spüren. Es ist aber unmöglich, genau voraus zu wissen, wie wir als Individuen und als

Gemeinschaften nach einer Transformation sein werden. Damit aber eine Transformation stattfindet, ist es unerlässlich, dass wir den Wandlungsprozess im Übergang vom Individuum zur Geburt der Menschheit sowohl an uns geschehen lassen, wie auch aktiv unterstützen.
In dieser Phase des Übergangs brauchen wir Politiker und Politikerinnen, die wissen, dass das, was in und durch die europäische und weltweite Vereinigung emergiert, nicht ableitbar, im Detail voraussehbar und manipulierbar ist. Wir brauchen Politiker und Politikerinnen, die aus eigener, spiritueller Erfahrung fähig sind, in den Menschen jene Kräfte des Vertrauens und Mutes zu wecken, ohne die sich die Geburt der Menschheit zu einem einheitlichen Organismus nicht vollziehen kann.

8. Das Prinzip der Freiwilligkeit

Die Planetisation der Menschheit ist unausweichlich. Sie vollzieht sich unter planetarem Druck (Bevölkerungsexplosion, Ausweitung des Aktionsradius' der Individuen, Verflechtung auf wirtschaftlicher, kultureller und sozialer Ebene). So unausweichlich die Planetisation der Menschheit ist, so sehr hängt sie von unserer freiwilligen Bejahung ab.

Erläuterung:
Das evolutive Gesetz der Freiwilligkeit auf dem Weg der Planetisation der Menschheit bewahrheitet sich tagtäglich. Diktatorisch erzwungene Vereinigungen zerfallen. Sie vermögen nicht jene schöpferischen Energien freizusetzen, welche Menschen die Mühsal der Pluralität, Differenzierung und Metamorphose auf sich nehmen lassen. Die Einsicht in die Tatsache, dass bewusste Wesen bewusster Planung bedürfen, muss in uns das freie Ja zu den anstehenden Prozessen auslösen.
Wir brauchen Politiker und Politikerinnen, die den Menschen die Konsequenzen des planetaren Druckes, der uns zusammenschweisst, aufzuzeigen vermögen. Bei allen Leiden, die der planetare Druck auslöst, gilt: Es ist ein notwendiger Druck, ein Geburtsdruck, ohne den die neue Menschheit nicht geboren werden kann.

In der neuen Menschheit hat der einzelne Mensch nicht mehr das Recht, untätig zu bleiben. Von seiner persönlichen Entwicklung hängt die Entwicklung aller ab. In der noch zu bildenden, neuen Charta der Menschheit müsste daher auf folgende Kriterien geachtet werden:

Absolute Pflicht des Individuums, an seiner Persönlichkeit zu arbeiten.

Relatives Recht des Individuums, bestmögliche Bedingungen dafür zu fordern (d.h. nicht auf Kosten anderer).

Absolutes Recht und absolute Pflicht des Individuums, nicht durch äusseren Zwang, sondern durch innere Überzeugung und in Übereinstimmung mit dem Gewissen, in eine grössere Ganzheit eingeführt zu werden.

Das Prinzip der Freiwilligkeit bedeutet: Selbstentfaltung ist Dienst an der Menschheit; Dienst an der Menschheit ist Selbstentfaltung.

9. Das Prinzip der Synergie

Synergie ist das aus natürlichem Antrieb erfolgte Zusammenwirken des einzelnen Bestandteiles mit dem Ganzen. Dabei verfolgt jedes individuelle Element eines Systems seine eigenen Ziele. Diese Ziele sind aber so angelegt, dass sie Wachstum und Gesundheit des Gesamtorganismus unterstützen. Auf allen Stufen der Evolution müssen die Elemente eines Organismus bei jeder höheren Synthese Synergie neu lernen.

Erläuterung:
Synergie bedeutet Zusammenwirken. Ein Organismus hat dann hohe Synergie, wenn die Elemente ihre eigenen Ziele verfolgen, diese Ziele aber im Dienst des Gesamtorganismus stehen. Er hat niedrige Synergie, wenn die Elemente Ziele verfolgen, die nicht mit den Gesamtzielen übereinstimmen.
Die Menschheit ist ein Organismus mit noch niedriger Synergie. Noch verfolgen wir unsere Ziele nicht aus dem inneren Antrieb, dem Organismus Menschheit zu dienen. Allzuoft benehmen wir uns wie Krebszellen, die das Leben der anderen Zellen ersticken.
Damit Synergie im wachsenden Menschheitsleib zunimmt, muss

jedes Individuum, jede Vökergruppe und jede Nation die Ziele des Gesamtorganismus Menschheit kennen und bereit sein, diesen Zielen zu dienen. Das bedeutet aber, dass wir eine Weltordnung brauchen, in welcher die lebensfördernden Ziele für die Menschheit formuliert sind.

10. Das Prinzip der Zentrogenese

Mit dem Auftauchen des selbstreflektierenden Denkens ist Synergie nicht mehr instinktiv-unbewusst möglich. Bezogen auf die Menschheit bedeutet dies: Synergie wächst in dem Masse, als diese ein Zentrum besitzt, welches fähig ist, die Gesamtziele des Organismus Menschheit von Entwicklungsstufe zu Entwicklungsstufe je neu herauszuarbeiten, und das die Macht hat, für deren Verwirklichung zu sorgen.

Erläuterung:
Der sich bildende Menschheitsleib braucht ein Zentrum, das zentrierter ist, als die heutige UNO. Soll Synergie auf Weltebene entstehen, muss die UNO strukturell und ideell erneuert werden. Sie muss zu einem Zentrum werden, das fähig ist, die nationale Politik stufenweise den planetaren Bedürfnissen und Notwendigkeiten anzupassen und ein von allen Nationen akzeptiertes, internationales Recht aufzubauen.
In einer sich planetisierenden Völkergemeinschaft kann die Grundlage des internationalen Rechtes nicht mehr der einzelne Staat sein. Das Recht des einzelnen Staates muss sich am Weltgemeinwohl orientieren. Damit die UNO erfüllen kann, was man von ihr erwartet, nämlich Frieden zu gewährleisten und Gerechtigkeit weltweit zu garantieren, muss sie zum Zentrum werden, das der Menschheit Weisung und Hilfe bietet.
Damit die Menschheit ein Organismus mit hoher Synergie werden kann, braucht sie Kopf und Herz, welche die anstehenden Wachstumsziele formulieren und ihr bei der Realisierung helfen. Sie braucht, dem Gesetz der Zentrogenese entsprechend, eine erneuerte UNO.

Zu empfehlende Bücher

Die heutige Weltsituation und die Frage nach der Bestimmung des Planeten Erde

Globale Trends
Daten zur Weltentwicklung 1991, Hg.: Stiftung Entwicklung und Friede
Bonn/Düsseldorf 1991

Die globale Revolution
Bericht des Club of Rome 1991, Spiegel spezial, Hamburg, Nr. 2/1991

Frieden in Gerechtigkeit
Dokumente der Europäischen Ökumenischen Versammlung 1989 in Basel, Zürich 1989

Die Zeit ist da
Schlussdokument der Weltversammlung für Gerechtigkeit, Frieden und Bewahrung der Schöpfung, Seoul 1990
JPIC-Büro ÖRK, Postfach 2100, CH - 1211 Genf

Der dritte Planet, die Erde
Time-life Bücher Amsterdam 1990

Physical Geography Today / A Portrait of a Planet
Robert A. Müller / Th.M. Oberlander, Randon House New York 1984

Das Universum ist ein grüner Drache
Brian Swimme
München 1991

Friede stiften / Die Christen zur Abrüstung
Dokumentation Band 287
München 1984

Hirtenworte zu Krieg und Friede
Texte der kath. Bischöfe der Bundesrepublik Deutschland, der Niederlande, Österreichs, der Schweiz, Ungarns und der Vereinigten Staaten von Amerika
Köln 1983

Christus, Herz der Schöpfung und Mitte des Lebens im Dreifaltigen Gott

Zeugnisse mystischer Welterfahrung
Johannes Tauler
Olten 1983

Zeugnisse mystischer Welterfahrung
Johannes vom Kreuz
Olten 1980

Wissenschaft und Christus
Teilhard de Chardin
Olten 1970

Mein Glaube
Teilhard de Chardin
Olten 1974

Das Herz der Materie
Teilhard de Chardin
Olten 1990

Die neue Wirklichkeit
Bede Griffiths
Grafing 1990

Wendezeit im Christentum
Perspektiven für eine aufgeklärte Theologie
Fritjof Capra, David Steindl-Rast
Bern/München/Wien 1991

Kleines Konzilskompendium
Hg.: Karl Rahner und Herbert Vorgrimmler
Freiburg 1968

Engel und Dämonen
Gestaltwandel eines Urbildes
Alfons Rosenberg
München 1986

Geistige Hierarchien
Der Mensch und die übersinnliche Welt in der Darstellung grosser Seher des Abendlandes
Ewald Grether
Freiburg i.B. 1977

Die Antwort der Engel
Gitta Mallasz
Einsiedeln 1984

Pastoralschreiben: Maria
Dokumente der Schweizer Bischöfe
Kanisius-Verlag Freiburg/Schweiz

Dienst an der Versöhnung für Einheit und Wachstum der Welt

Gerechtigkeit und Friede küssen sich
Kurt Koch
Luzern/Stuttgart 1991

Wege zur Selbst- und Christusverwirklichung

Liebe und Verantwortung
Karol Wojtyla
München 1979

Der nackte Gott
Pläydoyer für ein Christentum aus Fleisch und Blut
Richard Rohr
München 1987

Frau und Mann bei Paulus
Überwindung eines Missverständnisses
Norbert Baumert
Würzburg 1991

Lisianne Enderli/ Pierre Stutz

Tastend unterwegs

Gottesbilder im Mutterunser - Vaterunser
116 Seiten, mit Illustrationen von Max Rüedi
Eine Theologin und ein Theologe ringen um die Aktualität des christlichen Glaubens: Ichnah und an den Erfahrungen des modernen Menschen anknüpfend zeigen sie die bleibende Sprengkraft des Gebetes Jesu auf.
ISBN 3-7252-0538-8

Christa Peikert-Flaspöhler

Heut singe ich ein anderes Lied

Frauen brechen ihr Schweigen
136 Seiten, illustriert von Madeleine Marti
Wütende, zärtliche und erotische Neudichtungen von biblischen Liedern und andere Texte, die Frauen und Männer befreien und ermutigen, aus den ihnen zugewiesenen Geschlechterrollen auszubrechen.
ISBN 3-7252-0560-4

Pierre Stutz

Dem Morgen entgegen

Unaufhaltsame Gebete in Stunden der Nacht
96 Seiten, Illustrationen von Judith Maria Villiger
Von biblischen Psalmen inspiriert ringt Pierre Stutz darum, in

einer Welt voller Leid einen Sinn zu finden. Seine Klagelieder bringen zum Ausdruck, dass Hoffnung gerade dort wachsen kann, wo wir die dunklen Seiten und Stunden in unserem Leben annehmen.
ISBN 3-7252-0565-5

Marie-Theres Beeler/Lisianne Enderli

Bilder-Sturm

Dynamische Symbole in feministischer Sicht
140 Seiten, mit schwarz-weiss Fotos von Magrit Munter
Weibliche Symbole, wie Schlange, Kreis, Menstruation, werden als lebendige Bilder in ihrer Dynamik und Bedeutungsvielfalt aufgeschlüsselt und neu gelesen.
ISBN 3-7252-0569-8

Pierre Stutz/Andreas Benjamin Kilcher

Vom Unbegreiflichen ergriffen

Mystische Lebenserfahrungen
Ca. 100 Seiten, mit Illustrationen von Elisabeth Stalder
In fiktiven Briefen und Gesprächen konfrontieren die Autoren Fragen, Ängste und Hoffnungen des modernen Menschen mit dem Leben, Denken und Suchen von mittelalterlichen Mystikerinnen und Mystiker: Hildegard von Bingen, Johannes Tauler, Theresa von Avila, Johannes vom Kreuz oder Meister Eckhardt.
ISBN 3-7252-0573-7

rex verlag luzern stuttgart

Pia Gyger, 1940, diplomierte Heilpädagogin, Psychotherapeutin. Ausbildung in Japan und Hawai zur Zen-Lehrerin. Zentralleiterin des St. Katharina-Werks in Basel. Gründung eines Zentrums zur Begegnung der Weltreligionen und eines Projektes zur spirituell-politischen Bewusstseins-Entwicklung.